Über dieses Buch Der Prozeß der Säkularisierung hat die Religion nicht zum Verstummen gebracht. Am Ende des 20. Jahrhunderts ist unverkennbar geworden, daß die Moderne weder religiöse Bedürfnisse noch religiöses Denken hat austrocknen oder »überwinden« können. Vielmehr macht sich im Verhältnis von Gesellschaft und Religion zunehmend eine doppelte, in sich paradoxe Verschiebung bemerkbar: Während der utopische, humane Gehalt der Religion jetzt eher bei dezidiert »weltlichen« Bewegungen zuhause scheint, gewinnt die weltweit sich durchsetzende Wirtschaftsordnung immer mehr die Aura der Gottgegebenheit – trotz der Opfer, die sie täglich fordert.

Christoph Türcke fragt danach, welche Rolle die Theologie und die etablierten Religionen in diesem zwiespältigen Modernisierungsprozeß spielen. Die Anpassungsleistungen, die sie erbrachten, um kulturell und sozial Schritt zu halten, sind ungeheuer; sie reichen von der Ökumene bis zum austauschbaren »Sinnangebot« im Warenhaus der Weltanschauungen. Mit diesem Ausverkauf, so vermag Türcke zu zeigen, zerstört die Theologie gerade das, was ihr künftig noch Legitimation verleihen könnte – und daran können auch Reformversuche wie die Befreiungstheologie oder die feministische Theologie nichts ändern. Ein desillusionierender Kassensturz – und ein befreiender zugleich.

Der Autor Christoph Türcke, geb. 1948, lehrt Philosophie in Kassel und in Porto Alegre (Brasilien). Buchveröffentlichungen u. a.: *Die neue Geschäftigkeit* (1989), *Gewalt und Tabu* (1987), *Vermittlung als Gott* (1986). Als Fischer Taschenbuch erschienen *Der tolle Mensch. Nietzsche und der Wahnsinn der Vernunft* (Bd. 6589) sowie *Sexus und Geist. Philosophie im Geschlechterkampf* (Bd. 7416).

Christoph Türcke

Kassensturz

Zur Lage der Theologie

Fischer
Taschenbuch
Verlag

Originalausgabe
Veröffentlicht im Fischer Taschenbuch Verlag GmbH,
Frankfurt am Main, Oktober 1992

Umschlaggestaltung: Buchholz/Hinsch/Hensinger
Umschlagabbildung: Milan Horacek/Bilderberg
›Souvenirs, Wallfahrt Altötting‹
Gesamtherstellung: Clausen & Bosse, Leck
Printed in Germany
ISBN 3-596-11249-4

Gedruckt auf chlor- und säurefreiem Papier

Inhalt

Vorwort

Daß die Menschen von der Religion einmal ganz loskommen könnten, gehört zu den religiösen Illusionen, von denen sie loskommen müssen – wenn sie bei Verstand bleiben wollen. Zurück zur Religion also? Ja und nein. Ja: denn man kann kaum überschätzen, wie tief sie im Seelenleben, ja sogar im Verstand verwurzelt ist. Nein: denn man kann nicht ernst genug nehmen, was eben jener Verstand gegen sie vorgebracht hat. Was sie jahrhundertelang als die sichersten, höchsten, letzten Wahrheiten ausgab, hat er als ungedeckte Schecks entlarvt. Gleichwohl hat er nicht verhindern können, daß in aller Öffentlichkeit weiter mit ihnen hantiert wird und kaum jemand moralischen Anstoß daran nimmt.

Das liegt an der Zweischneidigkeit der Religionskritik. Sie gehört zu den härtesten Attacken, die die moderne Welt gegen die Vormoderne geführt hat – aber auch zu den großen Selbstverwundungen der Moderne. Man kann nicht das Dogma vom guten Schöpfer, der die Welt, auf welchen Umwegen auch immer, auf ein gutes Ende hinträgt, zum Einsturz bringen, ohne etwas in sich selbst zu zerstören: einen Halt, der das Leben unendlich viel leichter machte – wenn er hielte. Es ist eben nicht getan mit der logisch exakten Widerlegung der Glaubensgewißheiten. Sie hinterläßt all die Bedürfnisse und Fragen, auf die die Glaubenssätze die ungereimte Antwort waren. Deshalb bringt der Atheismus die Religion nicht zum Verstummen. Ihre Renaissance in der zweiten Hälfte dieses Jahrhunderts nötigt zu einer neuen Besinnung, die ebenso der Religion wie ihrer Kritik noch einmal vorbehaltlos die Rechnung aufmacht.

Das ist mit *Kassensturz* gemeint. Er bedeutet zum einen den Umsturz der konfessionellen Gestalt der Religion, deren Untriftigkeit sich unter denkenden Menschen seit weit mehr als 200 Jahren herumgesprochen hat und inzwischen nicht geringer geworden ist; zum andern das Sichten und Festhalten der Elemente, die den Umsturz überleben, ja, durch ihn erst ihren eigenen Wert bekommen: frei werden, ihren Wahrheitsgehalt zu entfalten. Zu leicht machen es sich nicht nur diejenigen, die mit dem Hinweis auf die Nichtexistenz Gottes und die Blutspur der Kirche in der Geschichte die Religion für erledigt halten; zu leicht auch die, die sie als unausrottbares Seelenbedürfnis anerkennen, das man in der Privatsphäre wie ein Hobby oder Laster kräftig ausleben sollte, damit es im öffentlichen Diskurs den Kopf für nüchterne Argumentation, sogenannten »methodischen Atheismus«, um so freier lasse; am leichtesten freilich die, die in den alten dogmatischen Gleisen fortfahren, als hätte es Religionskritik nie gegeben.

Zieht man einmal Wortschwall und Gelehrsamkeit ab, so erblassen die vielen komplexen Haltungen zur Religion, die es heute gibt, fast ausnahmslos zu drei ganz simplen: Religion ist letzten Endes a) wahr, b) unwahr, c) Privatsache. Jede dieser drei macht die Rechnung ohne den Wirt: die erste ohne die Religionskritik als integralem Teil der Gestehungskosten der Moderne, die zweite und dritte ohne die Religion als dem jahrtausendealten kulturellen, seelischen, geistigen Boden, aus dem die Religionskritik hervorgewachsen ist, von dem sie noch in der Auflehnung zehrt und der sich auf ein privates Feld der Psychohygiene so lange nicht beschränken läßt, wie sich in Religion noch irgend der Anspruch regt *wahr* zu sein. Und wer Gott sagt, sagt Wahrheit.

So kommt es, daß genannte drei Positionen einander im Reigen provozieren. Die These der Wahrheit der Religion fordert die der Unwahrheit heraus, diese wiederum die der Privatsache, letztere erneut die Wahrheitsfrage. Der Mechanismus, der diese drei auseinander faltet und zusammenschließt wie Vater, Sohn und Geist, ist eine dreieinige Verdrängungsleistung, die nicht wahrhaben will, wie sehr Religionskritik angreift: nicht nur diejenigen, auf die sie zielt, sondern auch die, die sie führen und die, die sich in Indifferenz vor ihr flüchten wollen. Es gibt keine Neutralität zur Religion, ebensowenig wie sie im Kern wahr oder unwahr ist. Bei keiner dieser Positionen ist ein Halten, jede die Verdrängung der beiden andern und jede die Wiederkehr des von den andern Verdrängten, ihr Reigen ein *circulus vitiosus*, der die gesamte Perspektivlosigkeit der Moderne zusammenfaßt – und gegen den nur eines hilft: sich dem Angriff der Religionskritik rückhaltlos auszusetzen. Nur wer sich öffnet, durchbricht die Verhärtung, die in dem dreifaltigen Primitivismus von wahr, unwahr und neutral steckt, wird auf Wahrheit in der Unwahrheit, Unwahrheit in der Wahrheit der Religion gestoßen und so, wenn es gut geht, empfindlich dafür, wie wenig modernes Denken und Handeln den alten religiösen Bann losgeworden ist, wie dringlich es ist, ihn zu brechen – und wie wenig dies Unternehmen, wenn es gelingen soll, der Religion und Theologie jemals ganz wird entraten können. Die folgenden Texte, so verschieden auch ihre Ausgangspunkte, sind einig in der Absicht, zu solcher Empfindlichkeit, ohne die moderne Subjektivität verödet, ein wenig beizutragen.

Fundamentalismus

Mitte des vorigen Jahrhunderts, unter dem Eindruck der industriellen Revolution, beschrieb ein heute kaum mehr gelesener Autor die moderne Gesellschaft so: Sie »kann nicht existieren, ohne die Produktionsinstrumente, also die Produktionsverhältnisse, also sämtliche gesellschaftlichen Verhältnisse fortwährend zu revolutionieren. [...] Die fortwährende Umwälzung der Produktion, die ununterbrochene Erschütterung aller gesellschaftlichen Zustände, die ewige Unsicherheit und Bewegung zeichnet die Bourgeoisepoche vor allen anderen aus. Alle festen eingerosteten Verhältnisse mit ihrem Gefolge von altehrwürdigen Vorstellungen und Anschauungen werden aufgelöst, alle neugebildeten veralten, ehe sie verknöchern können. Alles Ständische und Stehende verdampft, alles Heilige wird entweiht, und die Menschen sind endlich gezwungen, ihre Lebensstellung, ihre gegenseitigen Beziehungen mit nüchternen Augen anzusehen.«[1]

Das war durchaus optimistisch gemeint: Je mehr die bestehende Gesellschaft sich umwälzt, desto weniger hält sie es bei sich aus. So ist sie selbst schon der Vorbote einer besseren, trägt selbst schon das revolutionäre Prinzip in sich, dem sie erliegen wird. Die Menschen müssen es nur noch bewußt aufgreifen und gegen sie mobilisieren: lernen, sie mit so »nüchternen Augen anzusehen«, wie sie selbst es von ihnen verlangt – und dann zur Tat schreiten. – Der Text läßt sich freilich auch so lesen: Die »fortwährende Umwälzung« ist die auf Dauer gestellte; ununterbrochen ist die Erschütterung aller gesellschaftlichen Zustände, ewig die Unsicherheit und Bewegung, die sie hervorruft, komplett die Entweihung des Heiligen – und wie, wenn die Menschen unter solchen Umständen den Zwang, »ihre Lebensstel-

1 *Manifest der Kommunistischen Partei,* Marx-Engels-Werke, Bd. 4, Berlin 1977, S. 465.

lung, ihre gegenseitigen Beziehungen mit nüchternen Augen anzusehen«, nicht aushalten?

Dann entsteht Fundamentalismus: der Versuch, den entwurzelten, verunsicherten Individuen erneut seelischen Halt zu geben durch Kittung eben der Fundamente, die am Zerbröckeln sind. Fundamentalismus beruft sich auf etwas, was erschüttert ist. Gerade deshalb besteht er mit solcher Heftigkeit darauf. Er will von Einwänden gegen seine Überzeugungen nichts wissen, weil er sie selbst nur allzu schmerzlich verspürt. Er ist das angestrengte Dementi seines eigenen Zweifels, ein von Unglauben durchsetzter Glaube, daher nicht nur eine Flucht vor der Moderne, sondern eines ihrer typischen Gesichter.

Weil die moderne Gesellschaft aus der christlichen hervorging, ist das Christentum zum vorzüglichen Opfer ihrer zersetzenden Kraft geworden: zum ersten Kandidaten des Fundamentalismus. Das »Ständische und Stehende« der christlichen Feudalordnung konnte nicht zerbrechen, ohne daß auch der Gott, der für ihre Haltbarkeit bis zum jüngsten Tag einstand, an Glaubwürdigkeit verlor; das enorme Wachstum der menschlichen Produktivkräfte in der industriellen Revolution konnte nicht stattfinden, ohne mit nie gekannter Drastik vor Augen zu malen, daß die Menschen selbst es sind, die ihre Lebensverhältnisse produzieren. Und während der Zweifel an der Existenz eines allweisen göttlichen Lenkers des Weltlaufs im 17. und 18. Jahrhundert nur einigen kühnen Intellektuellen über die Lippen kam, brach im 19. Jahrhundert der Atheismus massenhaft aus. Gerade unter den Desintegrierten, den als Arbeitern und Arbeitslosen auf den Markt Geschleuderten schwand das Vertrauen in die Kirche, wuchs die Bereitschaft, den Himmelstrost zu verschmähen, erwies der Gesellschaftsprozeß seine religionszersetzende Kraft, die seither nicht geringer, vielmehr global geworden ist – und dennoch nicht exakt vorausberechnen läßt, wie die Individuen auf sie reagieren. Es hängt von ihren persönlichen Umständen, ihrer seelischen und geistigen Disposition ab.

Eine besonders denkwürdige Reaktion verzeichnet das 1. Vatikanische Konzil. Es hob den christlichen Fundamentalismus gleichsam aus der Taufe, als es sich 1870 zu dem Dogma durchrang: Der Papst, wenn er »ex cathedra« Lehrentscheidungen verkündet, ist unfehlbar. Welch naiver, übertriebener Glaube! empörten sich viele Zeitgenossen. Das

Gegenteil war der Fall. Eine Religion, die die Unfehlbarkeit ihrer Lehrsätze zum Lehrsatz erhebt, verfährt nach dem Motto: § 1: Der Lehrer hat immer recht. § 2: Sollte der Lehrer einmal nicht recht haben, so gilt § 1. Sie hat Unfehlbarkeit nötig, weil sie spürt, wie fehl sie geht. Sie traut ihren eigenen Lehrsätzen nicht über den Weg. Der sich selbst nicht wahrhaben wollende Unglaube an die Überzeugungskraft der Dogmen ist es, der sich im Unfehlbarkeitsdogma ausspricht, und er war auch schon am Werk, als die Kurie sechs Jahre zuvor den *Syllabus errorum* erließ, ein Verzeichnis von achtzig »Irrtümern« in Religion, Wissenschaft, Politik und Wirtschaft: Lehren, die mit der christlichen unvereinbar waren und daher nicht wahr sein durften. Wo der Glaube sich, um gläubig zu bleiben, die Auseinandersetzung mit Geistern wie Kant, Marx, Darwin, Freud verbietet, da ist er bereits vom Unglauben zernagt. Er *weiß*, daß er ihnen nichts Wesentliches entgegenzusetzen hätte. Und so ist der Versuch der Kurie, der »verschmitzten Menschenklasse der Modernisten« mit einem *Antimodernisteneid* das Handwerk zu legen, den sie seit 1910 Theologieprofessoren, Beichtväter, Prediger, Weltgeistliche, Kanoniker, Benefiziaten schwören ließ, eine der Frühblüten des Fundamentalismus: eines Glaubens, der nicht bloß behauptet, was er nicht weiß, sondern sich wider besseres Wissen behauptet.

In dem Maße, wie er das offen tut, ist er gewissermaßen ehrlich. Es gibt freilich auch einen Fundamentalismus, der sich dadurch zu behaupten versucht, daß er behauptet, keiner zu sein – und insofern tatsächlich zu der »verschmitzten Menschenklasse der Modernisten« gehört, die so tut, als könne die ganze Galerie der großen Religionskritiker von Helvetius bis Freud dem Christentum nichts tun. Weil keiner dieser Autoren unfehlbar war – an jedem gibt es etwas auszusetzen –, kann auch keiner von ihnen die Lehre vom dreieinigen Gott, der der Menschheit in menschlicher Gestalt Erlösung darbietet und die Gutwilligen auf ein gutes Ende zuführt, am Nerv getroffen haben. Weil keiner von ihnen das letzte Wort über die Religion hat, hat die Religion das letzte Wort. Daher: Nicht vor ihnen fliehen, sondern von ihrem Scharfsinn lernen und ihn gegen sie kehren, mit avanciertesten Mitteln der Aufklärung die volle Aufklärung über die Religion verhindern. Das ist die Methodologie des theologischen Modernismus bis heute.

Sich bekennender und sich verleugnender, harter und weicher Fundamentalismus: Sie sind genauso entgegengesetzt und zusammengehörig wie die zwei Seiten einer Medaille. Daß man das Unfehlbarkeitsdogma modernen Menschen nicht werde weismachen können und daher mit ihm den Glauben schwächen statt stärken, war die Befürchtung seiner innerkirchlichen Gegner – und ihr Widerstand entsprechend heftig. Eine ganze Gruppe sonderte sich sogar ab, gab sich den Namen »Altkatholiken« und setzte sich so in das Licht, daß sie es sei, die die gute alte katholische Dogmatik fortsetze, während die offizielle Kirche durch neumodische Dekrete davon abgewichen sei. Eine interessante Begriffsumkehrung: Wenn die für den modernen Zeitgeist Offeneren sich dadurch auszeichnen, daß sie weitermachen wie bisher, die Verschlosseneren aber dadurch, daß sie neue Saiten aufziehen: Wer sind dann die Modernisten, wer die Konservativen? Die Irritation rührt daher, daß es dieselbe Frage ist, die beide Seiten bewegt und entzweit: Was müssen wir machen, damit der Glaube gegen den Zersetzungsprozeß der Moderne immun wird? Zur Debatte stehen die richtigen Mittel für diesen Zweck, dessen Richtigkeit nicht zur Debatte steht; und die Mittel, sie mögen plump oder subtil, offensiv oder defensiv sein, stellen allesamt etwas dar, was das naive Gemüt von Religion am wenigsten erwartet: strategisches Kalkül. Wie viele Zugeständnisse muß der Glaube der modernen Welt machen, um in ihr zu überdauern? Wenn er sich erst einmal auf sie einläßt, sagen die einen, wird er unfähig, sich gegen sie zu behaupten. Wenn er sich *nicht* auf sie einläßt, wird er unfähig, auf sie zu reagieren, sagen die andern. Die einen fürchten seine Zersetzung, die andern seine Totenstarre, und moderne theologische Kontroversen, sofern sie überhaupt noch sozialen Sprengstoff enthalten, lassen sich in der Regel auf die Frage reduzieren: Wie weit muß man gehen, damit der Glaube nicht zur Mumie wird; wie weit kann man gehen, ohne daß er sich auflöst? Kann man an der Hierarchie der Kirche, der Unfehlbarkeit des Papstes, dem Zölibat der Priester, der Jungfräulichkeit Mariae, den zwei Naturen Christi, der Existenz des Teufels rütteln, ohne das gesamte Dogmengebäude ins Wanken zu bringen, dessen integrale Bestandteile diese Lehrsätze sind? Oder *muß* man daran rütteln, wenn man verhindern will, daß einem die Leute massenhaft weglaufen, weil sie über kurz oder lang solche Starrheiten nur noch als Dummheiten wahrzunehmen vermögen?

Was gehört zur Verhandlungsmasse, was steht nicht zur Disposition? Im Grunde ist es diese simple Frage, die hinter den so prinzipiell anmutenden Erörterungen steht. Wenn Hans Küng etwa die Unfehlbarkeit des Papstes mit einem Fragezeichen versieht, dann will er natürlich nichts dagegen gesagt haben, daß es einen Gott gibt, der einen gewissen Fischer vom See Genezareth zum »Petrus« auserkor, d. h. zum »Fels«, auf dem er seine Kirche zu bauen gedachte, um sie, gelenkt durch die Nachfolger Petri, durch die Fährnisse der Zeit der ewigen Seligkeit entgegenzusteuern. Und wenn derselbe Küng Bedenken gegen das Dogma von den zwei Naturen Christi hat, dann geht es keineswegs »Um nichts als die Wahrheit«, wie die von Walter Jens herausgegebene Dokumentation »Deutsche Bischofskonferenz kontra Hans Küng« suggerierte, sondern darum, einen Glauben, nach dessen Wahrheit erst gar nicht gefragt wird, nämlich den, daß in dem Menschen Jesus sich kein Geringerer als Gott selbst auf übernatürliche Weise geoffenbart hat, so zu präsentieren, daß moderne Menschen es leichter haben, sich ihm zu öffnen. Wenn Leonardo Boff die kämpferische Befreiung von einer Gesellschaftsordnung fordert, die der erdrückenden Mehrheit der Lateinamerikaner Hunger und Elend beschert, so will er an der Mehrheit dessen, was die Kirchenordnung ihm an Glaubenssätzen auferlegt, nicht gerührt haben; vielmehr soll seine Gesellschaftskritik dazu beitragen, daß die Katholiken zu ihrer Kirche halten und sich im Namen Gottes, Christi, der Jungfrau Maria, aller Heiligen und Päpste, deren Existenz oder Daseinsberechtigung keinen Augenblick zur Debatte steht, zur Wehr setzen. Wenn Uta Ranke-Heinemann die Jungfräulichkeit Mariae bestreitet, dann will sie natürlich nichts gegen die Gottessohnschaft Jesu oder die Ausgießung des Heiligen Geistes eingewandt haben, allenfalls etwas gegen das männliche Geschlecht des letzteren und die Männerherrschaft in der Kirche, wie überhaupt die ganze Radikalität feministischer Theologie darin besteht, Gottvater zu transvestieren, ihn mit weiblichen Zügen anzureichern oder in Gottmutter zu verwandeln.

Fundamentalismus ist ein schillerndes Phänomen. Gemessen an Erzbischof Lefebvre, der dem 2. Vatikanischen Konzil Ausverkauf der Kirche an die Moderne vorwarf und sich selbst die päpstliche Autorität der Bischofsweihe anmaßte, gehört Kardinal Ratzinger zur »verschmitzten

Menschenklasse der Modernisten«; gemessen an den kirchlichen Dissidenten Boff, Küng, Ranke-Heinemann oder Drewermann ist er ein Erzfundamentalist. Diese Dissidenten wiederum gelten der Öffentlichkeit als Aufklärer. Aber man braucht sie nur einmal zu fragen, ob es den Gott, den sie da dekretieren, überhaupt gibt, ob die Gewißheiten, die sie über seine Einzahl oder Mehrzahl, sein Geschlecht, seine Anteilnahme am Weltgeschehen oder seinen Endsieg am jüngsten Tag hegen, nicht schlichte Selbstüberhebung sind, nämlich ein Für-ausgemacht-Nehmen von etwas, was nicht ausgemacht ist – und schon erbleicht ihre ganze Modernität; auch sie versteifen sich auf ihre eiserne Glaubensration, um deren Zweifelhaftigkeit sie nur allzu gut wissen, und verhalten sich nicht minder fundamentalistisch als ihre Gegner in den Chefetagen der Kirche.

Fundamentalismus ist also nicht nur dessen Extrem: der plumpe Antimodernismus. Am Extrem zeigt sich vielmehr nur am deutlichsten die allgemeine Struktur, und wer die einmal begriffen hat, erkennt sie auch dort noch, wo sie ins Undeutliche aufgeweicht ist. Vom harten Fundamentalismus her erschließt sich der weiche, und der weiche lehrt den harten besser verstehen. Beide erhellen sich nicht nur wechselseitig, sie bringen sich auch wechselseitig immer wieder von neuem hervor. Das Erschrecken vor dem verknöcherten Gespenst eines Glaubens, der nur allergisch und intolerant auf alle Formen von Aufklärung reagiert, gibt dem Modernismus Auftrieb. Der Ekel vor dem sich wendig durch die Moderne schlingenden, so lange wie möglich sich vor jedem Bekenntnis drückenden Glauben gibt dem Bedürfnis, ohne Umschweife, Diskussion und Pardon zu glauben, Auftrieb. Diese beiden Reaktionsweisen schaukeln sich gegenseitig hoch und machen es schwer, für eine von ihnen Partei zu ergreifen. In dem Maße, wie der weiche Fundamentalismus toleranter ist, ist er auch gewundener; in dem Maße, wie der harte aggressiver ist, ist er auch ehrlicher.

So viel aber steht fest: Das Unfehlbarkeitsdogma, vielfach als mittelalterliches Fossil in der Neuzeit angesehen, ist ein Fanal der Moderne, Paradigma eines Fundamentalismus, der viel weiter reicht als der gewöhnliche Gebrauch des Wortes anzeigt und der, je gründlicher der Modernisierungsprozeß die Gesellschaft umbricht, sich um so vielfältiger ausprägt und zwischen beinhart und windelweich die verschiedensten Formen ineinander- und gegeneinanderspielen läßt. Keine dieser Formen hat der Katholizismus für sich allein gepachtet. Der protestantische Fundamentalismus, der im »Affenprozeß« von Dayton im Jahre 1925, wo er die Beseitigung der Darwinschen Evolutionslehre aus dem Biologieunterricht der öffentlichen Schulen forderte, ein Zeichen dafür setzte, welchen Härtegrads er fähig ist, kann auch derart leise treten, daß nur noch geübte Ohren sein »Hier stehe ich, ich kann nicht anders« wahrnehmen. Auch im Islam fehlt es nicht an subtilen Versuchen, den Koran durch die Vernunft so zu glätten, daß er in die moderne Welt paßt. Aber im Rampenlicht der Weltöffentlichkeit steht gegenwärtig doch etwas anderes: die Offenheit und Gewalt, mit der fundamentalistische Extremisten im Namen Allahs, des Propheten und des Korans den Kampf gegen die moderne Welt aufnehmen.

Fanatismus ist der Aufschrei eines zutiefst verwundeten Glaubens, und an dem Grad, den er gegenwärtig in der arabisch-persischen Welt erreicht, läßt sich ablesen, wie tief die Verwundung ist. Als »das Ständische und Stehende« der christlichen Feudalordnung zerbrach, da war der Zerfall gleichsam hausgemacht; er fand auf dem Boden des christlichen Abendlands statt, vorangetrieben von Christen und im Namen eines Christentums, das anfangs nicht absehen konnte, wie sehr es dabei selbst auf der Strecke bleiben würde. Als der europäische Kapitalismus in die arabische Welt einbrach und Grund und Boden, Gesellschaftsstruktur und Seelenleben umpflügte, da tat er es mit einer zerstörerischen Fremdheit, die Mitteleuropäer zu Hause nie unmittelbar erfahren haben und von der sie jetzt nur das Echo erleben in der archaischen Fremdheit, mit der die Erhebung der Mullahs ihnen droht. »Alles Ständische und Stehende verdampft, alles Heilige wird entweiht, und die Menschen sind endlich gezwungen, ihre Lebensstellung, ihre gegenseitigen Beziehungen mit nüchternen Augen anzusehen.« Das Hoffnungsvolle, Aufklärerische, Zukunftsweisende in diesem Prozeß zu verspüren, ist das Privileg einer dünnen Schicht von Europäern und Europäisierten gewesen. Die gesamte Dritte Welt hat fast nur seine grauenhafte Seite kennengelernt, und in den Moslems traf er auf eine Religion und Mentalität, die sich in besonderem Maße gegen ihn aufbäumt. Die feierliche Aufforderung zum Mord an einem

Schriftsteller, den man als Beleidiger des Islam empfindet, herausgeschrien in alle Welt durch die Medien der gehaßten Moderne, so daß der Beschuldigte sich nirgends mehr sicher fühlen kann: das ist der erst vor wenigen Jahren erreichte Gipfel des Fundamentalismus. So weit wie hier der Ayatollah Khomeini hat sich der christliche Fundamentalismus nie verstiegen – und dennoch hat er nicht versäumt, sein tiefes Verständnis zu bekunden. Der Roman von Salman Rushdie sei »beleidigend für Millionen von Gläubigen«, schrieb der *Osservatore Romano*, die päpstliche Zeitung. »Ihr religiöses Gewissen und Gefühl sind beleidigt worden und erheischen unseren Respekt. Unser eigener Glaube verlangt von uns, die beleidigenden und gotteslästerlichen Inhalte des Buches zu bedauern.«[2] Vorbei die Zeiten, wo der eigene Glaube verlangte, die Inhalte des anderen als beleidigend und gotteslästerlich zu erachten. Eine neue Epoche der religiösen Gemeinsamkeit hat begonnen. Es ist freilich der gemeinsame Feind, der sie stiftet. Wie es kein plötzlicher Anfall von Toleranz und Menschlichkeit war, als sich die christlichen Konfessionen in der ersten Jahrhunderthälfte zur ökumenischen Bewegung zusammenschlossen, sondern das Kalkül, beim gemeinsamen Kampf gegen den Zersetzungsprozeß der Moderne werde für die einzelnen mehr herausspringen als verlorengehen, so auch im neuerdings sehr gepflegten Dialog zwischen den Religionen, wenn Mono- und Polytheisten sich ihrer gegenseitigen Hochachtung versichern und der Papst sich mit Indianerhäuptlingen trifft.

Das eine ist der Fundamentalismus, das andere die Wissenschaft von ihm. Daß er eine konfessions- und religionsübergreifende Grundstruktur hat, ist offensichtlich. Doch es kommt darauf an, wie man sie diagnostiziert: ob mit Gespür für die innere Bewegung, die ein sich gegen seine Erschütterung sträubender Glaube durchmacht, oder durch äußere formale Definition, die jegliches Festhalten an unhintergehbaren Wahrheiten, gleichgültig welchen Inhalts, für das untrügliche Wahrzeichen des Fundamentalismus hält. »An die Stelle des prinzipiell unabschließbaren und für alle Argumente offenen Diskurses, der die Wissensform der Moderne ist, tritt ein zum festen Fundament allen

2 Zit. n. *Frankfurter Rundschau*, 4. 1. 1992, S. ZB 2.

weiteren Fragens, Wissens und Handelns dogmatisiertes absolutes Wissen, das der wissenschaftlichen Prüfung und der relativierenden öffentlichen Debatte entzogen wird.«[3] So die Definition des Politologen Thomas Meyer, die keinerlei Differenz macht zwischen erschütterten Gewißheiten, die sich gegen alle inneren und äußeren Zweifel abzuschirmen suchen, und erschütternden Gewißheiten, die sich aufdrängen, ob sie auch zum Verzweifeln sind. Daß die moderne Gesellschaft von einer Umwälzungsdynamik bestimmt ist, die weltweit Menschen wie Dinge auf den Markt wirft, permanent zu technischen Neuerungen und Rationalisierung der Arbeitsprozesse zwingt, ständig wachsende Auslaugung der Naturressourcen verlangt, ganze Weltgegenden veröden und nur einer Minderheit ihre technischen Errungenschaften zugute kommen läßt, durch systematische Überproduktion von Reichtum systematisch Armut erzeugt und selbst Demokratie und Menschenrechte zu derart konjunkturabhängigen Errungenschaften macht, daß in Krisenzeiten niemand durch sie vor Arbeitslosigkeit, Hunger und Atomstrahlungen geschützt ist – ach, wie schön wär's, wenn das nicht wahr wäre, wenn die banale ökonomische Gesetzmäßigkeit, für die der Name »Weltwirtschaftsordnung« sich eingebürgert hat, bloß eine fixe Idee wäre, die sich durch »Debatte« verflüchtigen ließe. Und die Versuchung, sie sich ausreden zu lassen, sie in der Vielzahl ihrer Erscheinungsformen nicht wahrzunehmen, den Wald vor Bäumen nicht zu sehen, ist groß, denn wer mag mit ihr leben?

Die bestehende Gesellschaft *hat* ein Fundament, und zwar eines, so paradox, wie noch keine Gesellschaft es hatte: Es wird täglich fester durch seine Beweglichkeit und zieht seine Haltbarkeit aus der Erschütterung, die es permanent auf alles »Ständische und Stehende« ausübt. Die Gewißheit über dies Fundament ist das Gegenteil einer fundamentalistischen Gewißheit. Statt etwas Höheres zum Festhalten zu geben, ergibt sie sich aus der Analyse der Niederungen des Alltags. Erst wenn dies Fundament als das Orakel behandelt wird, das höchstpersönlich den einzig möglichen Weg zu seiner eigenen Entkräftung und glückbringenden Beerbung wahrsagt, heiße er Rückgang zum ökologischen

3 Thomas Meyer, *Fundamentalismus. Aufstand gegen die Moderne*, Reinbek 1989, S. 161.

Gleichgewicht, Nachfolge Jesu, parlamentarische Diskussion oder Griff zu den Waffen –, *dann* beginnt der Übertritt von einer unzweifelhaft erschütternden Gewißheit zu zweifelhaften Gewißheiten, die man sich nicht erschüttern lassen will. Das aber heißt: Die scheinplausible Definition »Der Fundamentalismus setzt an die Stelle des Zweifels und der generellen Ungewißheit ein absolutes Wissen, das allem vernünftigen Zweifel enthoben wird«[4] verdeckt die Differenz, auf die alles ankommt: die zwischen kritischer und dogmatischer Gewißheit. Es gibt Tatbestände, die sich selbst des Zweifels entheben; durch noch so viel Diskussion sind sie nicht aus der Welt zu schaffen. Auch diejenigen, die mit noch so gewiefter Methodik das Fundament bezweifeln, das diese Gesellschaft zusammenhält, kommen nicht umhin, ihre Arbeitskraft als Ware auf den Markt zu tragen und sie durch optimalen Verkauf zu erhalten und sich damit so zu verhalten, wie eben dies bezweifelte Fundament es von ihnen verlangt. Die Gewißheit, daß kein Mitglied der Gesellschaft unabhängig von besagtem Fundament leben kann, ist keine absolute, ewige, aber sie ist unhintergehbar, solange diese Gesellschaft besteht, und der prinzipiell richtige, aber abstrakte Vorbehalt, daß auch sie wie alle anderen 24 Stunden am Tag »der wissenschaftlichen Prüfung und der relativierenden öffentlichen Debatte« zugänglich sein müsse, richtet gegen ihre Geltung nichts aus – selbst wenn sich die gesamte diskutierende Öffentlichkeit darauf einigte, sie zu ignorieren und »die« Moderne nur als ästhetisch-kulturelles Phänomen, als politisch-wissenschaftliche Diskursform oder sonstwie, aber jedenfalls abgezogen von ihrem ökonomischen Fundament zu begreifen beschlösse.

Wer die kritische Gewißheit auf die Seite der dogmatischen schlägt, ist der Moderne schon aufgesessen; ihre Umwälzungsdynamik geht darauf aus, *beide* zu zersetzen. Indem die Menschen gezwungen sind, »ihre Lebensstellung, ihre gegenseitigen Beziehungen mit nüchternen Augen anzusehen« und jene christlichen, islamischen, jüdischen und sonstigen religiösen Gewißheiten, in denen sie sich jahrhundertelang wiegten, einer kritischen Prüfung zu unterziehen, geschieht einerseits Aufklärung. Andererseits Gegenaufklärung. Der Zwang, die Verhält-

4 Ebd. 5 Ebd.

nisse »mit nüchternen Augen anzusehen«, ist auch der zum kalkulierenden Blick, der Dinge und Menschen nur noch als käuflich-verkäufliche Quanta wahrnimmt, aber nicht mehr bemerkt, daß die Ernüchterung, die er ihnen damit antut, selbst mit religiöser Gewalt daherkommt. Ihr Dogma: Gesellschaftliche Beachtung verdient nur noch, was sich kaufen oder verkaufen läßt. Was unverkäuflich ist, gehört nicht zu jenem Kreislauf von Waren, deren systematische Produktion und Verteilung das pulsierende Leben, die Umwälzungsdynamik der modernen Gesellschaft ausmacht. Arbeitslose erleiden daher mit dem Lohnausfall den Ausfall an gesellschaftlicher Anerkennung. Eine unverkäufliche Arbeitskraft verfehlt, wie jede brachliegende Ware, ihre Bestimmung; sie hat keinen Sinn, verdient strenggenommen nicht zu leben, weil sie sich ihr Leben nicht verdient. Daß man Arbeitslosen durch noch so gutes Zureden das Gefühl ihrer Minderwertigkeit nicht nehmen kann, zeigt, wie tief die Warenform ins Seelenleben gedrungen ist. Sie stiftet nicht nur den ökonomischen Zusammenhalt der Gesellschaft, sondern auch ihren Sinn. Die religionszersetzende Kraft der Moderne ist selber religiös, die Warenform ein Fetisch, die Teilhabe an seinem Segen materielle und seelische Lebensbedingung. Nur daß dieser Segen zugleich Fluch ist. *Keine* Ware zu sein ist furchtbar für moderne Menschen, heißt nämlich wertlos zu sein. Aber *bloß* Ware zu sein, ist auch furchtbar, heißt nämlich Wert zu haben bloß als Rechnungsposten, als Manövriermasse von Kauf und Verkauf. Ohne den Sinn, den die Warenform stiftet, hält kaum mehr jemand das Leben aus; mit diesem Sinn allein aber auch nicht.

Das ergibt eine seelische Konstellation, die nicht minder paradox ist als ihr gesellschaftliches Fundament. Kaum jemand glaubt ernstlich, daß die Warenform das menschliche Dasein mit Sinn erfülle, aber was im täglichen Leben wirklich Sinn stiftet, ist sie. Sie hat es – im Gegensatz zu Jahwe, Allah oder dem Vater Jesu Christi – nicht nötig, daß man an sie glaubt. Auch ihre Kritiker huldigen ihr; sie müssen ihre Gedanken, wenn sie darauf nicht sitzenbleiben wollen, genauso feilbieten wie andere ihre Bratwürste oder Computer und erkennen sie so als das Lebensprinzip der Gesellschaft an. Fast niemand nennt sie heilig, fast jeder *hält* sie heilig. Der kollektive Unglaube an ihre sinnstiftende Kraft ist unterlaufen durch den Glauben an sie – und bildet damit das genaue Gegenstück zum Fundamentalismus, wo der Glaube vom Unglauben unterlaufen ist. Beide repräsentieren einander – spiegelverkehrt.

So gibt sich die moderne Umwälzungsdynamik als das Negativ des Fundamentalismus zu erkennen. Er ist ihr Ausdruck, aber sie ist es, die ihn ausdrückt. Und so bleibt es nicht aus, daß er immer deutlicher ihre Züge annimmt, daß ihre geschichtliche Verlaufsform sich immer unmittelbarer in ihm abdrückt. Wie es kommt, daß in den traditionellen Hochreligionen jeder harte Fundamentalismus einen weichen produziert und umgekehrt, wurde gezeigt. Doch das Wechselspiel zwischen beiden, ein vergleichsweise selbständiger geistiger Prozeß, wird zunehmend gelähmt durch banale ökonomische Notwendigkeiten. Gewisse Antimodernismen, die sich als theologische Abwehrreaktionen geradezu aufdrängen, sind wirtschaftlich nicht mehr durchsetzbar. Islamische Staaten zum Beispiel, die notgedrungen auf Industrialisierung gesetzt haben, werden mit der Maßnahme, die Frauen aus dem Berufsleben zurück an den Herd und hinter den Schleier zu drängen, nicht weit kommen, und wenn sie noch so massenhafte Sehnsucht nach Wiederherstellung korangemäßer Lebensweise auf ihrer Seite haben. Das moderne Wirtschaftsgesetz, das nach weiblichen Arbeitskräften ebenso verlangt wie nach männlichen, sorgt dafür, daß diese Art harter Linie nicht lange lebensfähig und wiederholbar sein wird; es drängt auch den harten Fundamentalismus zu neuen Formen, in denen er sowohl hart bleiben als auch weich sich den Zeitläuften anschmiegen kann. Sekten, die den intellektuellen Ballast der Hochreligionen ebenso abgeworfen haben wie jegliche Berührungsangst vor modernen Medien, vielmehr mit modernsten technischen und massenpsychologischen Mitteln ein primitiv-archaisches Idol verbreiten, dessen Verehrung allenfalls Geld, aber keine geistige Anstrengung kostet: sie geben den Trend an, dem die etablierten Religionen gemessenen Abstands, halb widerwillig, halb willig folgen. Während der christliche, jüdische, islamische Fundamentalismus noch Schriftgelehrte hat, die sich durch jahrelanges Studium in die Quellen ihres Glaubens vertiefen (auch Khomeini war ein solcher Intellektueller), rekrutieren moderne Sekten ihre Prediger durch Schnellkurse; während sich in Christen, Moslems, Juden eine jahrhundertelang sedimentierte, seelendurchdringende Tradition fortsetzt, gehört zur modernen Religiosität der schnelle Ein- und Austritt, die hohe Fluktation zwischen den Gruppen, das kurzfristige An- und Abschaffen von Idolen je nach Sozial-, Gemüts- und Stimmungslage. Die Pfingst- und Erweckungskirchen, die gegenwärtig, finanziert oder inspiriert aus den USA, mit neuester Technologie nach Südamerika vordringen, lassen den dortigen Katholizismus zunehmend alt aussehen, rauben ihm gerade unter den Armen massenhaft Gläubige und repräsentieren ihm gegenüber das fortgeschrittenere Stadium des Fundamentalismus. Die Verteidigung intellektueller Positionen, der mit scharfsinnig-spitzfindiger Argumentation geführte Kampf zwischen harter und weicher Linie ist nicht mehr gefragt. Statt dessen marktstrategisches Know-how im Kampf zwischen Gruppen, denen harter und weicher Fundamentalismus einerlei sind, deren Idol hart bis zur vorsintflutlichen Primitivität und weich bis zur Charakterlosigkeit ist, deren Jesus auch Mohammed oder Moon, deren Vater im Himmel auch Moloch oder Mana heißen könnte, so geschichtslos, hohl und beliebig füllbar ist er: ein Feigenblatt nur noch und Trostpflaster ihres Unglaubens, und um so mehr ein Wahrzeichen ihres Glaubens an die Marktwirtschaft. Indem die Idole selbst unverhohlen Warenform annehmen, ziehen sich Fundamentalismus und Moderne zu einer geradezu hegelischen Identität von Identität und Nichtidentität zusammen, und der mündige Bürger, der es gelernt hat, die Welt »mit nüchternen Augen anzusehen«, d. h. einzuschätzen, welche Idole seinem Seelenhaushalt am ehesten frommen, kann sich irgendeiner verschrobenen Sekte anschließen, ohne daß seine Realitätstüchtigkeit, seine Geschäftsfähigkeit oder seine Karriere im modernen Alltag darunter leiden müssen.

»In seiner Privatsphäre«, schreibt Thomas Meyer, »bleibt es nicht nur dem einzelnen gänzlich allein überlassen, nach welcher Façon er selig werden will. Es ist auch allein an ihm, in der Fülle einander widersprechender Orientierungsangebote für sich etwas Passendes zu finden.« »Menschenrechte, Demokratie und Pluralismus sind ja nur möglich, wo private Glaubensmotive und Geltungsansprüche von öffentlichen Handlungsregeln abgekoppelt werden.«[6] Ganz recht; nur daß eben dieser Zustand, gepriesen als der vernünftig-moderne, auch die

6 A. a. O., S. 192.

Lebensbedingung des Fundamentalismus ist. Die abgekoppelte Privatsphäre, dies Eden »der individuellen Selbstbestimmung, sowohl der privaten Lebensführung wie der persönlichen Überzeugung«[7], ist auch der Humusboden für Kraut und Rüben aller Sekten, und wie weit es mit der Abgeschiedenheit besagter Privatsphäre her ist, auch wo sie formaldemokratisch garantiert wird, verrät das Begriffsungetüm des Orientierungs- oder Sinnangebots. Sinn ist nur dann wirklich einer, wenn er das Unauswechselbare darstellt, das Halt und Rettung gewährt: »Eines nur, ach Herr, dies eine, lehre mich erkennen doch ...« Zum Angebot gehört, daß es eines unter vielen ist: äquivalent mit anderen, gegen sie austauschbar, durch sie ersetzbar. Ein Sinn, der als Angebot daherkommt, ist schon der potentielle Ersatz und Ausverkauf seiner selbst, der Glaube an ihn von Unglauben durchdrungen, die Bekehrung zu ihm die Fortsetzung des öffentlichen Warenfetischs im privaten Seelenleben.

Die Reduktion von Sinn auf eine Privatangelegenheit, die Hans so und Franz anders regelt, die also im vollen Wortsinn gleichgültig ist, macht ja gerade das Elend aus, das formaldemokratische Selbstzufriedenheit nur notdürftig verdeckt und das sich im Fundamentalismus immerhin ehrlich artikuliert. Er begehrt auf gegen eine Welt, die Sinn nur noch als Angebot zuläßt, obwohl er selbst als Sinnangebot auftritt. Als Spiegel der Moderne reflektiert er auch ihre Unerträglichkeit, und wie sie das Falsche und Hohle in seinen Glaubensgewißheiten bloßlegt, offenbart er den Widersinn eines Daseins, dessen ganzer Sinn der der Warenform ist.

Die Empörung dagegen ist eine humane Regung. Sie teilt der Fundamentalismus mit kritischer Theorie der Gesellschaft. Wenn letztere zu Bewußtsein bringt, was die Umwälzungsdynamik der modernen Welt anrichtet und was dabei alles an Chancen verspielt wird, so kann sie das nicht ohne Trauer, nicht ohne den Wunsch, es möge anders sein, nicht ohne den Glauben, daß es so wie es ist, nicht sein muß, daß vielmehr anderes möglich, daß noch nicht aller Tage Abend sei. Richtig ist, daß, wo der Wunsch der Vater des Gedankens ist, Illusion und Verblendung drohen. Richtig ist aber auch das Umgekehrte: »der Gedanke, der den Wunsch, seinen Vater, tötet, wird von der Rache der Dummheit ereilt«[8].

7 A. a. O., S. 193.
8 Theodor W. Adorno, *Minima Moralia*, in: *Gesammelte Schriften* Bd. 4, Frankfurt/Main 1980, S. 137.

Wunschloses Denken wäre das Beschränkte der bloßen Registratur, und selbst die läßt noch mehr zu wünschen übrig als man ihr auf den ersten Blick anmerkt. Die Sehnsucht nach Erlösung vom Widersinn, Widerstreit, Schrecken der Fremdheit wohnt der Vernunft noch in ihren elementarsten Verrichtungen des Erklärens, Zusammenfassens, Zurückführens, Begründens, Interpretierens inne, und sich darüber Rechenschaft geben heißt den theologischen Impuls entdecken, der kritischem Denken und Fundamentalismus gemeinsam ist. Freilich, im Fundamentalismus ist er zu unhaltbaren Gewißheiten aufgeblasen, während kritisches Denken eingedenk bleibt, daß ein Impuls eigentlich – bloß eine Triebregung ist. Doch daß diese Regung zum Natursubstrat der Humanität gehört und der sie zersetzende und verleugnende Umwälzungsprozeß der Moderne nicht das letzte Wort haben soll: darin sind sich beide Seiten einig. So berühren sie sich, so sehr sie einander widersprechen, und kritisches Bewußtsein, das nicht verhärtet genug ist, den theologischen Impuls in sich zu verleugnen, kann nicht umhin, im Fundamentalismus, seinem Gegner, auch das verhärtete Zerrbild seiner selbst wahrzunehmen.

Nichts widerlegt besser die These vom Ende aller utopischen Energien als der erstarkende Fundamentalismus. Er *ist* rückwärts gewandte, pervertierte Utopie – und zeigt damit an, wie hermetisch die Gesellschaft, die man hierzulande gern als »die offene« bezeichnet, in Wahrheit geworden ist. Sie gestattet kaum mehr, daß utopische Energie sich unbefangen nach vorn entlädt. Die Perspektive eines Weltzustands, worin die enormen geistigen und materiellen Produktivkräfte vernünftig aufeinander abgestimmt, die Menschen zu Nutznießern ihrer längst vorhandenen Möglichkeiten würden und so eigentlich nur das Selbstverständliche geschähe, ist so gut wie abgeschnitten. Die Abwendung der Natur- und Wirtschaftskatastrophen, die im Preis der weltweiten Dauerumwälzung mit inbegriffen sind, ist zu einer kaum noch realistischen Hoffnung abgesunken. Und doch hat dies alles nicht ausgereicht, der utopischen Energie den Garaus zu machen. Sie ist nicht umgebracht, sondern umgelenkt – rückgestaut, gefangen in fundamentalistischer Absurdität, in der sich die Absurdität des laufenden Modernisierungsprozesses authentisch ausdrückt. Die Gewalt, mit der der Fundamentalismus im Vormarsch ist, zeigt freilich auch, wieviel von utopischer Energie in der Menschheit noch steckt. Nicht auszudenken, was passierte, wenn sie sich auf vernünftige Weise entfesseln ließe, und wenn Intellektuelle überhaupt noch zu etwas gut sind, so haben sie hierzu ihr leider viel zu geringes Schärflein beizutragen.

Religion

In der Protestbewegung der 60er Jahre war die Überzeugung verbreitet, die Religion sei am Ende und ihre Ablösung durch ein kritisches Bewußtsein von der Gesellschaft nur eine Frage der Zeit. Doch es war die Protestbewegung, die sich bald am Ende befand. Als nämlich die Gesellschaft keinerlei Neigung zeigte, sich durch die Empörung von Bürgerskindern, denen Notstandsgesetzgebung und Vietnamkrieg die Augen für die Kehrseite westlicher Freiheit geöffnet hatten, ernstlich aus dem Trott bringen zu lassen, ging der APO die Luft aus. Und während sie noch in zahlreiche dogmatische und spontaneistische Konventikel zerfiel, begann sich von ihrem Leichnam bereits eine andere Sorte von Gruppen zu ernähren, in denen die totgesagte Religion neu erblühte: Gruppen der Selbsterfahrung und Meditation, der persönlichen Ergriffenheit von Jesus, Bhagwan, Moon und wer weiß wem. So mancher, der vor kurzem noch Marx gelesen und Steine gegen Polizisten geschleudert hatte, brummelte nun versunken Om om, erfuhr im Schneidersitz sein wahres Selbst oder höhere kosmische Energien, sah sich durch Jesus in ein permanentes Hochgefühl versetzt oder fand wieder zur Kirche zurück.

Dieser bemerkenswerte Wandel in den früheren und mittleren 70er Jahren wird gewöhnlich als Rückkehr zur Religion bezeichnet. Doch stimmt das? Von außen gesehen zweifellos. In den 60ern war nun einmal in der Öffentlichkeit wenig von göttlichen und übersinnlichen Mächten die Rede, dafür um so mehr von gesellschaftlichen Mächten und ihrer Eigenschaft, den Glauben ans Übersinnliche zwanghaft hervorzurufen. Doch das offenkundig antireligiöse Aufbegehren hatte eine geheime und uneingestandene Kehrseite. Der Versuch etwa, sämtliche religiösen Fragen, selbst die der Sterblichkeit, in politische Fragen aufzulösen, war von einem Drang nach Erlösung vom Elend beseelt, wie er in der Theologie schon lange nicht mehr lebendig war. Das

Aufklärungs- und Wahrheitspathos, das in den Sternstunden der Studentenbewegung durchschlug, war durchaus eine Art heiliger Eifer für das gelobte Land, in dem endlich Milch und Honig fließen sollten.

Und umgekehrt: Als die Protestbewegung verfiel und die Gesellschaft bestehen blieb, als das Übersinnliche und die höhere Erfahrung wieder gesellschaftsfähig wurden, da war die Rückkehr zur Religion zugleich das Erlöschen des Funkens heiligen Eifers, der im antitheologischen Protest immerhin geglommen hatte, da war die neue Heilserfahrung in dieser Therapiegruppe oder jener Religionsgemeinschaft nur der erneute Nestbau in einer Welt, aus der man nicht mehr ernstlich ausziehen wollte, das realitätstüchtige Arrangement mit der Gesellschaft, in der man sich so gemütlich wie möglich einzurichten trachtete. Niemand Geringeres als der Deutsche Evangelische Kirchentag hat den Begriff für die moderne, zeitgemäße, konfessionell aufgelockerte Religion der 70er und 80er Jahre geprägt, die innerhalb wie außerhalb der herkömmlichen Kirchen pulsiert: Markt der Möglichkeiten.

Auf diesem Markt geht es zu wie überall in der Gesellschaft. Jeder kann mitmachen, als Verkäufer wie als Kunde, für jeden Geschmack wird etwas angeboten, und je besser einer sein Angebot zu präsentieren weiß, desto größer der Zulauf. Das meiste Geld und das größte know how haben – zumindest hierzulande – nach wie vor die herkömmlichen Großkirchen, weswegen sie Konkurrenz vorerst nicht ernstlich fürchten müssen. Für die Bedürfnisse nach Selbsterfahrung, Therapie, Meditation und Fernost, die Anfang der 70er Jahre eine ganze Palette von Gruppen und Sekten aus dem Boden schießen ließen, ist längst ein seriöses kirchliches Angebot eingerichtet, und innerhalb der Kirchen läßt man, besonders auf Kirchentagen, alles wuchern, was Zulauf verspricht und den Ruf nicht ruiniert.

»25 Jahre Kirchentag, Posaunenwerk, Jugendarbeit mit ihren verschiedenen interessanten Aktivitäten, ökumenische Aktionen, Frauengruppen verschiedener Prägung, Stabpuppenspiele und darunter die Einladung, über die Vorbereitung zum Sterben miteinander zu sprechen anhand eines Filmes, der in einer Koje aufgeführt wird. Dicht daneben werden in einer anderen Koje die Erfahrungen und Probleme einer offenen und ökumenischen Gemeindearbeit erläutert, und etwas weiter neue Modelle des Gottesdienstes und des Konfirmandenunterrichtes, und auch die Telefonseelsorge weist auf ihre Erfahrungen hin und lädt zum Gespräch ein.«[1] So wird der Markt der Möglichkeiten auf dem Frankfurter Kirchentag 1975 von einem seiner Protagonisten, einem modernen Pfarrer, begeistert beschrieben. Er fährt fort: »Die Möglichkeit, sich gegenseitig in dieser Unterschiedlichkeit und Vielfalt anzuerkennen und zu tolerieren, ist ein Ausdruck der Lebensmöglichkeit, die Gott seiner Kirche in dieser Welt gibt. Ich habe den Eindruck gewonnen, daß sich die Leiblichkeit Gottes und Jesu Christi gerade in diesen unterschiedlichen Darstellungen menschlichen Denkens und Dienens erkennen läßt.«[2] Und Dorothee Sölle meinte gar: »die meisten, die da arbeiten, sich darstellen, haben alternative Lebensentwürfe im Sinn, d. h. sie wollen nicht, daß es so bleibt, wie es ist [...] Ich meine, daß die Botschaft des Marktes der Möglichkeiten, wenn wir sie einmal zusammenfassen, genau heißt: ›Die Kirche kann nicht kapitalistisch bleiben!‹«[3]

Ist das wirklich tiefster blauäugiger Glaube, wenn ein Pfarrer, also ein Hochschulabsolvent, den Markt der Möglichkeiten für die Inkarnation Gottes ausgibt, oder wenn eine mit Marxschen Schriften nicht ganz unvertraute Professorin von der Expansion eines Markts die Überwindung des Kapitalismus erwartet? Oder glauben solche aufgeklärten und modernen Gläubigen am Ende ganz etwas anderes? Etwa daran, daß ohne das Einverständnis mit den Marktgesetzen nichts läuft, nicht einmal Opposition? Und umgekehrt: Wenn eine kirchliche Gruppe, wie es die sogenannten Evangelikalen tun, lieber ihren eigenen Kirchentag veranstaltet, statt solches Markttreiben mitzumachen, das sie als den Ausverkauf des Christentums erachtet – ist ihr Konservativismus dann nicht Hort des Widerstands gegen die universale Herrschaft des Markts, die die weltoffenen und flexiblen Kirchenleitungen unter dem Decknamen Pluralismus längst als obersten Götzen anerkannt haben?

Kurzum, die Verwirrung ist groß. Was heißt konservativ, was heißt

1 Deutscher Evangelischer Kirchentag, Frankfurt/Main 1975, S. 185 f.
2 A. a. O., S. 186.
3 A. a. O., S. 220.

progressiv in einer Gesellschaft, deren Prinzip die Beweglichkeit selbst ist, die sich nur konserviert, sofern sie sich verändert? Sind da die Progressiven nicht diejenigen, die sich am besten anzupassen wissen, während einzig die Konservativen, die diesen Namen wirklich verdienen, den Pakt mit diesem haltlosen Treiben verweigern? Und ferner: Was heißt religiös, was heißt antireligiös, wenn aus antireligiösem Protest heiliger Zorn spricht, Religiosität dagegen jene geschäftstüchtigen Formen annimmt, die des naiven Glaubens spotten, den sie transportieren? Wer sind da die Aufgeklärten, wer die Realitätsblinden? War die APO, die darauf bestand, alle gesellschaftlichen Herrschaftsmechanismen schonungslos offenzulegen, nicht in Wahrheit ein Illusionistenverein, der sich über seine eigene Ohnmacht betrog? Und sind diejenigen, die ungehemmt von ihren obskuren inneren Erfahrungen faseln und sich keinen Deut um aufgeklärte Religionskritik scheren, nicht die wahren Realisten, weil sie die gegebenen Machtverhältnisse ausgezeichnet einzuschätzen wissen und ihren seelischen Haushalt sehr zweckmäßig darauf einrichten? Was als diesseitig gemeint ist, kann durchaus auf ein Jenseits abzielen, was als jenseitig gemeint ist, sich als sehr diesseitige Geschäftstüchtigkeit entpuppen. Was antireligiös erscheint, kann theologische Wurzeln haben, was religiös erscheint, kommerzielle.

Es zeigt sich: Nirgends in der bestehenden Gesellschaft läßt sich eine religionsfreie Sphäre eindeutig ausmachen. Dafür gibt es einen objektiven Grund: *Die Säkularisierung dieser Gesellschaft ist Schein.* Auf den ersten Blick ist dieser Schein sehr plausibel. Die moderne Gesellschaft ist nicht auf ein religiöses Bekenntnis gegründet, sondern auf Verträge. Sie funktioniert nur, sofern die erdrückende Mehrheit der Bürger ihre Arbeitskraft auf den Markt trägt und dort feilbietet. Das religiöse Bekenntnis ist für den Arbeitsvertrag unerheblich, solange es die Vertragspflichten nicht beeinträchtigt. Man darf Atheist sein. Doch die Weltanschauung der Individuen ist ihr Privatvergnügen. In ihrem materiellen Leben haben sie einem Prinzip zu gehorchen, das ebenso unsichtbar ist wie der christliche Gott, sich ebenso inkarniert wie er, täglich neu Menschen in seinen Dienst ruft und überdies den enormen Vorteil hat, daß man seine Existenz nicht erst durch scharfsinnige philosophische Gedankengänge beweisen muß. Sie tut sich 24 Stunden am Tag kund.

Dieses Prinzip ist das gesamtgesellschaftliche Zwangsverhältnis, das die Menschen auf den Arbeitsmarkt treibt, ihre Arbeitskraft dort liegenläßt oder kauft, die gekaufte auf Arbeitsmittel anwendet, die Produkte gewinnträchtig veräußert, um erneut gewinnträchtig Arbeitskräfte auf Arbeitsmittel anwenden zu können und so seinen Wachstumstrieb zu befriedigen, ohne den es nicht lebensfähig ist: das kapitalistische Produktionsverhältnis. Immer weniger kann man sich ihm entziehen. Wo heute von Weltwirtschaftsordnung die Rede ist, ist eigentlich von ihm die Rede. Arbeitskräfte, Maschinen, Konsumgüter, Geld sind nur seine unterschiedlichen Erscheinungsformen, es selbst aber ist die Seele, die sich in ihnen inkarniert und sie durch Seelenwanderung zu einem universalen Kreislauf von Waren zusammenschließt. Das Wort vom *Fetischcharakter* der Ware ist wesentlich mehr als eine belletristische Redensart. Es bedeutet, daß die Aufrechterhaltung der Kapitalzirkulation ein gigantischer Fetischdienst ist, ein gesamtgesellschaftlicher Gottesdienst, der nicht nur sonntags zwischen zehn und elf stattfindet, sondern rund um die Uhr, und auch die zur Teilnahme zwingt, die seinen Fetischcharakter durchschauen; denn auch die müssen leben. Sich die Lebensmittel verdienen aber heißt einem nimmersatten, zu permanentem Wachstum verdammten Moloch zu willen sein, der günstigstenfalls die ernährt, die ihn durch ihre Arbeitskraft ernähren.

Also keine Rede davon, daß die moderne Gesellschaft sich von der Religion emanzipiert hätte. Sie ist sich selbst zur Religion geworden, und zwar so, daß sie den herkömmlichen Unterschied von profaner und sakraler Sphäre aufhebt. Beide verschwinden ineinander. Etwas ganz Profanes, nämlich ein bestimmtes Produktionsverhältnis, ist zur religiösen Substanz der ganzen Gesellschaft geworden: zur real existierenden Volkskirche. Lediglich von den herkömmlichen Formen *besonderer* Religion hat man sich emanzipiert: Judentum, Christentum, Islam und was es auch sei. Sie fallen nun in die Privatsphäre der Individuen, und ihre Ausübung verhält sich zur Ausübung der *allgemeinen* Religion des Warenfetischismus wie das Hobby zum Beruf. Und wie man sich im Hobby heimischer fühlt als im Beruf, es in dem Maße pflegt, wie er unausgefüllt läßt, und doch weiß, daß er es ist, dem sich die Hobbypflege verdankt, so auch hier: Wie lautstark jede Konfession für sich auch in Anspruch nimmt, von Gott persönlich ins Leben gerufen und darin erhalten zu sein, so wissen sie im Stillen doch alle, daß sie nur zu den Bedingungen leben, die der Warenfetischismus ihnen einräumt.

Auf alle Varianten der besonderen Religion trifft daher ein böses Hegelsches Wort zu: Sie führen eine »faule Existenz«[4], ein unsubstantielles, vom Weltlauf überholtes Dasein. Denn in gewisser Weise sind sie – das hat Hegel großartig gesehen – in der modernen Gesellschaft *tatsächlich* erfüllt. Hier ist das Göttliche nicht länger ein eingebildetes, geglaubtes, beschworenes, unbewiesenes Jenseits, sondern das konkrete, sich selbst beweisende Diesseits des Produktionsverhältnisses, hier bewegt sich Gott wirklich durch die Welt und zwingt auch seine Feinde in seinen Dienst. Täglich mehrt er sein Reich und bringt damit einer jahrtausendealten theologischen Sehnsucht Erfüllung. Freilich ist die Erfüllung auch Schein: Das göttliche Subjekt ist subjektlos, es zirkuliert blind in sich, schreitet voran, ohne zu wissen, wohin, ist von Menschen gemacht und am Leben erhalten, ist abhängig von denen, die von ihm abhängig sind. Der realisierte Gott ist ein selbstgemachter Götze: ein Hohn auf die theologische Verheißung des Reiches Gottes, die er gleichwohl einlöst.

In doppeltem Sinne ist der Warenfetischismus *falsche Einlösung* traditioneller Religion. Zum einen löst er das Falsche ein, das jener immer schon anhaftete, wenn sie ihren Gott, den sie als das Ende allen Elends beschwor, mit dem Elend der Welt dennoch in Einklang brachte. Nun nämlich bringt sich das Göttliche selbst mit dem Elend in Einklang – besser, als das der Theologie je gelang. Es produziert systematisch den Segen des Reichtums, nicht ohne systematisch Hunger zu produzieren, es befördert allgemeine Freiheit und Gleichheit, nicht ohne sie mit Füßen zu treten, es perfektioniert die Naturbeherrschung, nicht ohne Raubbau an den materiellen Lebensgrundlagen zu betreiben. Das Göttliche ist es selbst – und sein Gegenteil. Darin steckt schon die andere Bedeutung: Der Warenfetischismus löst das Wahre an traditioneller Religion falsch ein – den in ihr unlöschbar schwelenden Gedanken nämlich, daß das befriedete, von allem Widerstreit erlöste Dasein das

4 G. W. F. Hegel, *Vorlesungen über die Philosophie der Geschichte, Werke* Bd. 12, Frankfurt/Main 1970, S. 53.

einzig vernunftgemäße wäre, weil Vernunft, wann immer sie ihrer selbst mächtig ist, nicht anders kann als auf Widerspruchsfreiheit zu dringen, selbst dort, wo sie sie nicht eigens herzustellen vermag. Nun nämlich stellt sich die Widerspruchsfreiheit selbst weltweit her, und zwar so, daß der Widerspruch zwischen Gott und Elend sich als seine eigene Auflösung präsentiert. Er zerreißt das Göttliche nicht, sondern wirkt als sein Lebenselixier. Das Wachstum des Fetischs Ware nährt sich von Hunger und Arbeitslosigkeit, die er sowohl bekämpft als auch fortzeugt, er bedarf der Rüstungsproduktion um des Wohlstands, des Kriegs um des einträglichen Wiederaufbaus, des Raubbaus an organischer Natur um der Konkurrenzfähigkeit willen. Und er verheißt den Menschen eine Zukunft nur, sofern er fortfahren darf, dies zu tun: ständig den globalen Widerspruch aufzulösen, der er *ist*.

Wenn moderne Theologie sich und ihre Gläubigen zunehmend an den Gedanken gewöhnt, das Elend gehöre zum innersten Wesenskern des Göttlichen, so orientiert sie sich mehr an der Heilsgeschichte des Warenfetischismus als an der biblischen, aus der sie diesen Gedanken zu lesen meint und bestätigt unversehens die Assimilationskraft, die die allgemeine Religion auf die besondere ausübt. Überhaupt läßt sich das, was man heute das neue Erblühen der Religion nennt, in seiner anachronistischen Aktualität – Bloch würde sagen: in seiner »gleichzeitigen Ungleichzeitigkeit«[5] – nur begreifen, wenn man sich nicht vormachen läßt, daß die moderne Gesellschaft religionslos sei, sondern ihr profanes ökonomisches Bewegungsgesetz als sakrales Unwesen erkennt: als die allgemeine Religion, die die besonderen Religionen überholt und entkräftet, teils absorbiert, teils ins Schlepptau genommen hat. Nur so lassen sich die merkwürdigen Symbiosen und Mutationen, die zwischen Besonderem und Allgemeinem unablässig stattfinden, überhaupt verstehen. Die verschiedenen christlichen wie nichtchristlichen Konfessionen, Kirchen und Grüppchen sind allesamt zu dem geworden, was Hegel »faule Existenz« nannte; ein unsubstantielles, in der materiellen Basis der Gesellschaft nicht verwurzeltes, parasitäres Dasein. Der Warenfetischismus, die allgemeine Religion, ist die Kritik und Auflösung aller besonderen Religion. Weil er aber die religiösen

5 Vgl. E. Bloch, *Erbschaft dieser Zeit*, Frankfurt/Main 1973, S. 111ff.

Verheißungen falsch einlöst, hält er sie ebenso wach wie er sie erledigt. Die Auflösung der besonderen Religion ist daher nicht eine Verflüchtigung ins Nichts, sondern ein allgemeines Aufweichen, Gären, Verfaulen, das solange nicht aufhören wird, wie »der Mensch ein erniedrigtes, ein geknechtetes, ein verlassenes, ein verächtliches Wesen ist«[6]. Solange nämlich hört auch die Sehnsucht nach Erlösung nicht auf, aus der sich sowohl der kategorische Imperativ, das Elend abzuschaffen, speist, als auch das Bedürfnis, es zu beschwichtigen.

So ist das Gären der besonderen Religion *potentiell* Widerstand und kritischer Geist, *aktuell* aber der Geistes- und Seelenkompost, der zum Gedeihen der allgemeinen Religion beste Dienste leistet. Faule Existenz der besonderen Religion bedeutet also nicht, wie aus Hegel folgen müßte, sang- und klangloses Absterben, sondern höchst lebendiges, auf Dauer gestelltes Verfaulen, bei dem sich verschiedenartigste Dinge ständig neu zu den interessantesten Mißbildungen zusammenschließen: Meditation und Trimm-Dich, Selbsterfahrung und Bibelexegese, Vater und Mutter unser im Himmel, Frömmigkeit und Computer – Gestalten, wie sie ein Monsterfilm abenteuerlicher nicht erfinden könnte. Das Zustandekommen und Verschwinden dieser Verfaulungsprodukte gehorcht Marktgesetzen, auch dann, wenn sie oppositionell gemeint sind. Die selbstgestrickten alternativen Lebensentwürfe, die der Kälte der Gesellschaftsmaschine im Namen Jesu, der transzendentalen Meditation oder des Naturkreislaufs Wärme und Sinn entgegenstellen, sind selbst Ausgeburten der instrumentellen Vernunft, gegen die sie sich richten – nicht entfernt so durchdacht, daß vernünftige Besinnung ihnen zustimmen könnte, aber immerhin so wohlkalkuliert, daß sie Werbekraft ausüben. Als Fetzen und Versatzstücke geistiger Gebilde von Rang, wie sie die sogenannten Hochreligionen allesamt einst darstellten, werden sie unverhohlen zu Waren.

Die traditionellen Konfessionen hatten lange Zeit gewisse Berührungsangst vor moderner Technik; kam mit deren Durchsetzung im großen Stil, der industriellen Revolution, doch auch die erste große Welle des Atheismus über Europa. Inzwischen hat man gelernt, daß

6 K. Marx, *Zur Kritik der Hegelschen Rechtsphilosophie. Einleitung,* Marx-Engels-Werke, Bd. 1, Berlin 1972, S. 385.

nicht völlig des Teufels sein kann, was auch der eigenen Durchsetzung dient, und im letzten Jahrzehnt verflogen auch noch die restlichen Skrupel. Der Papst jettet um die Welt und läßt seine Reisen nach Maximen des show-business organisieren. In den USA strahlen konfessionelle Fernsehstationen am laufenden Band Sendungen aus, in denen Bekehrungserlebnisse, Sakraments- und Gebetszelebrationen, sogar Wunderheilungen so inszeniert sind, daß sie sich von den reichlich eingestreuten Reklamespots kaum mehr unterscheiden. Der neue Boom, der sich dort ankündigt und erahnen läßt, daß die hiesigen Evangelikalen nur der blasse Vorgeschmack dessen sind, was wir demnächst in Europa zu erwarten haben, ist Ausdruck einer neuen Stufe der Verschmelzung von allgemeiner und besonderer Religion: Nicht Gott rechtfertigt den Geschäftserfolg, wie es im Calvinismus einst hieß, sondern jeder Gott ist gerechtfertigt, wenn der Geschäftserfolg ihm gnädig ist – wie sich heute auch Forschungsprojekte zunehmend einfach dadurch legitimieren, daß Geld für sie da ist.

Am unheiligen Verschmelzungsprozeß von allgemeiner und besonderer Religion haben leider auch die Freiheitsbewegungen teil, die ihren Protest gegen die bestehende Weltwirtschaftsordnung konfessionell artikulieren und den Willen Gottes für ihr Tun reklamieren. So engagiert und mutig, bisweilen unter Einsatz des eigenen Lebens, sie auch zu Werke gehen, so müssen sie doch die Augen davor verschließen, daß ein Gott, der immer schon gegen das Elend war und es doch nicht aus der Welt bekommt, nicht erst durch Marx kritisiert ist, sondern schon und leider viel wirkungsvoller durch die bloße Existenz der allgemeinen Religion: Was ist der beteuerte, unbewiesene Gotteswille gegen den realen, sich täglich beweisenden Willen des Fetischs Ware? Eine überholte Gestalt des Göttlichen, die nicht schon dadurch wieder substantiell wird, daß man einen guten Zweck mit ihr verbindet. Mit Gott gegens Kapital, mit der faulen Existenz gegen die substantielle – das funktioniert nur mittels gezielt angelegter Scheuklappen, auch bei der lateinamerikanischen Befreiungstheologie: Man nimmt sich von Marx die Kritik des Kapitalismus und spart sich die der Theologie; man greift sich aus der Bibel die Befreiung Israels aus Ägypten, die Sozialkritik der Propheten und bestimmte Jesuspassagen heraus und sieht ab von den Greueltaten Simsons und Gideons, der Herrscherwillkür Davids und Salomos oder dem »Jedermann sei untertan der Obrigkeit« des Römerbriefs. Solches Auswahlverfahren gibt nicht der Wahrheit die Ehre, sondern dem instrumentellen Kalkül. Die Bibel wird zurechtgebogen: zur Schutzheiligen einer Revolution, der es ebenso darauf ankommt, die Gesellschaft umzuwälzen wie die katholische Konfession zu erhalten. Freiheitswille und Vereinsinteresse durchdringen einander. Der große moralische Impuls, der in der Befreiungstheologie steckt, wird kompromittiert durch ihre eigene theologische Methode, die am instrumentellen Ungeist der allgemeinen Religion, gegen dessen verheerende Auswirkungen sie sich so mutig wehrt, selbst teilhat. Es zeigt sich: Die besondere Religion, die sowohl besondere bleiben als auch gegen die allgemeine aufbegehren will, muß vorab mit der allgemeinen paktieren, um sich gegen sie erheben zu können.

Das auf Dauer gestellte Faulen der besonderen Religion ist untrüglicher Indikator eines menschenunwürdigen Weltzustands – Signatur einer Weltwirtschaftsordnung, in deren Zwängen der Ostblock nicht minder steckt als der wirtschaftsmächtigere Westen. Das Wuchern des polnischen Katholizismus widerlegt daher nicht Marx, sondern die Illusion, jenseits des eisernen Vorhangs sei Sozialismus real – eine Illusion, die die dortigen Machthaber mit den hiesigen nur allzu gern teilen und schüren. Sozialismus, der diesen strapazierten Namen allenfalls noch verdient, gibt es nicht ohne Aufhebung der besonderen Religion; Aufhebung aber nicht als Vernichtung, sondern als Rettung. Die vom Weltlauf unbarmherzig überholte faule Existenz ist nicht nur das Zurückgebliebene, sondern auch das Unerledigte, als das von der Moderne Entkräftete und Mitgeschleppte ist sie auch der Nährboden aller vernünftigen Widerstandskraft. Diese kann ohne theologischen Impuls nicht sein, aber auch nicht, ohne daß ihr theologischer Impuls sie übers Theologische hinaustreibt. Unvergleichlich hat Benjamin sie charakterisiert: »Mein Denken verhält sich zur Theologie wie das Löschblatt zur Tinte. Es ist ganz von ihr vollgesogen. Ginge es aber nach dem Löschblatt, so würde nichts, was geschrieben ist, übrig bleiben.«[7] In

7 W. Benjamin, *Paralipomena zu den Thesen ›Über den Begriff der Geschichte‹*, in: *Gesammelte Schriften*, hg. v. R. Tiedemann u. H. Schweppenhäuser, Bd. I. 3, Frankfurt/Main 1974, S. 1235.

solchem Denken wird die faule Existenz der Religion in Schubkraft der Aufklärung verwandelt. Denn die Anähnelung der wirklichen Welt an die Idee ihrer Erlösung ist nach wie vor die einzige Tat, mit der die menschliche Gattung ihrer Bestimmung zur Vernunft gerecht werden könnte. Daß sie »zum Bilde Gottes« bestimmt ist, wie die Bibel sagt, gilt selbst dann noch, wenn es den biblischen Gott nicht gibt.

Religionskritik

An Freuds Religionstheorie kommt mehr zum Vorschein, als Freudianern und Theologen recht sein kann. Daher halten sich diese gewöhnlich lieber an Jung, jene an den Atheismus. Bedeutet Freud für Theologen immerhin eine »Herausforderung«, also etwas, wogegen noch die Abwehrkräfte zu mobilisieren sind, so halten Freudianer in der Regel zumindest ihre Theorie für immun gegen Theologie. Unter solchen Umständen kann wohl ein »interdisziplinäres Gespräch«, ein äußerlicher Gedankenaustausch oder Schlagabtausch stattfinden, aber nicht die innere wechselseitige Durchdringung, die beiden Seiten an den Nerv geht – und sich von Freud her geradezu aufdrängt.

1. Zum systematischen Zusammenhang der Freudschen Religionstheorie

ELEMENTE. – Grundlage aller Überlegungen zu Kultur und Religion ist das Hauptresultat der psychoanalytischen Praxis: der Ödipuskomplex. In der griechischen Sage von König Ödipus, der seinen Vater tötete und seine Mutter heiratete, sieht Freud die beiden Urwünsche des Kindes zusammengefaßt: Beseitigung des gleichgeschlechtlichen Elternteils und sexueller Verkehr mit dem andersgeschlechtlichen. Der daraus resultierende Konflikt mit den Eltern gilt Freud als *das* seelische Schlüsselereignis schlechthin und damit als der eigentliche Gegenstand psychoanalytischer Arbeit. Wie sehr Freud auch in der Darstellung und Bewertung dieses Konfliktes durch seine eigenen Lebensumstände geprägt sein mag – er beschreibt vornehmlich Vorgänge in einer bestimmten historischen Form der bürgerlichen Familie –, an der grundsätzlichen Bedeutung seiner Entdeckung läßt sich nicht rütteln. Nicht erst die Pubertät beschert die Sexualität; sie gehört von Anfang an zur menschlichen Konstitution. Die erste erotische Zuwendung des Kindes gilt den primären Bezugspersonen, meist den Eltern, und diese müssen ihm, bei aller Liebe, die Erfüllung seiner erotischen Ansprüche versagen. Kein Mensch kann aufwachsen, ohne in diesen Konflikt zu geraten, ohne zu erotischem Verzicht gezwungen zu werden. Seine Bewältigung ist *eine* der entscheidenden seelischen Aufgaben jedes Individuums, gleichgültig, welcher Epoche und Kultur es angehört.

– Die Beobachtung religiöser Zeremonien führt Freud zu dem Schluß, daß deren ganzer Vielfalt ein gemeinsamer letzter Zweck zugrunde liegt: das Bekenntnis und die Tilgung einer allgemeinen Schuld, an der sich alle Gläubigen teilhaftig fühlen, ohne genau und übereinstimmend angeben zu können, wie sie zustande gekommen sei. Die Gleichförmigkeit und Gewissenhaftigkeit der Ausführung des Rituals sowie seine Beschwichtigungsfunktion gegen eine Schuld, deren Ursprung verborgen bleibt, weisen größte Ähnlichkeit mit der neurotischen Zwangshandlung auf und veranlassen Freud, »die Neurose als eine individuelle Religiosität, die Religion als eine universelle Zwangsneurose zu bezeichnen.«[1]

– Die Analyse ethnologischen Materials gibt Freud Aufschluß über primitivste, noch ganz in die Natur gebannte Völker, und er entdeckt, daß sie sich als ganze ähnlich infantil verhalten wie die Individuen, die Gegenstand der psychoanalytischen Praxis sind.[2] Als frühste noch auffindbare gesellschaftliche Organisationsform gilt ihm der Totemismus, der von zwei rätselhaften Tabus beherrscht wird. Den Clangenossen ist jeglicher sexueller Verkehr untereinander verboten, und ebensowenig dürfen sie den Totem, ein bestimmtes Tier, das sie als Ahnherrn und Schutzpatron der Sippe verehren, antasten.[3] Nur in gewissen Abständen fällt der ganze Clan in einem kollektiven Exzeß über den Totem her, tötet und verzehrt ihn und ahmt ihn dabei mit eigentümlichen

1 S. Freud, *Zwangshandlungen und Religionsübungen*, Freud-Studienausgabe, Frankfurt/Main 1969ff., Bd. VII, S. 21. Verweise auf diese Ausgabe im folgenden nur mit Titel- und Bandangabe.
2 *Totem und Tabu*, Bd. IX, S. 318.
3 A. a. O., S. 389ff.

Lauten und Gebärden nach.[4] Danach gilt das Tabu wieder uneingeschränkt.

– Darwin hat seine Beobachtungen an den Lebensgewohnheiten höherer Affenarten auf den sozialen Urzustand des Menschen übertragen, und Freud macht sich diese Theorie zu eigen. Demnach wurden die in Horden lebenden Wesen von einem mächtigen Urvater, dem stärksten Männchen, beherrscht, das allein auf alle weiblichen Mitglieder der Horde sexuellen Anspruch hatte und die jungen Männchen zur Exogamie zwang.[5]

SYNTHESE. Aus seinen psychoanalytischen Grundeinsichten, den Beobachtungen religiöser Rituale, den ethnologischen Resultaten und der Darwinschen Urhordentheorie konstruiert Freud die Entstehung der Religion als die Entstehung von Kultur überhaupt und damit eines ersten Zustandes, der als menschlich bezeichnet werden kann[6]: Die Söhne der Urhorde verehrten und liebten den Urvater, weil sie sein wollten wie er, sie haßten ihn aber auch, weil sie nicht sein durften wie er. Eines Tages gewann der Haß die Überhand, sie taten sich zusammen, töteten und verzehrten den Vater. Nach der Befriedigung des Hasses trat jedoch die Liebe um so stärker hervor. Der Verzicht auf die Weiber der Horde, zuvor vom Vater erzwungen, wurde in nachträglichem Gehorsam nun freiwillig geleistet, der Vater selbst in Gestalt des Totem zum Stammvater und Beschützer erhoben.[7]

Der Totem ist die Urform aller menschlichen Gottesvorstellungen. Gott ist Schöpfer wie Beschützer der Menschen, die sich ohne ihn dem Naturschicksal gnadenlos ausgeliefert sehen, sich andererseits ihm aber nur anvertrauen können, wenn sie ihm zugleich ihre Schuld bekennen: den Mord an dem Vergotteten. In der Gefühlsambivalenz gegen den leiblichen Vater haben alle Menschen sowohl an der Mordtat der Urzeit als auch am kollektiven Schuldbewußtsein teil, das in Opfer und Ritual, am deutlichsten in der Hingabe Christi, seinen Ausdruck findet und ständig neu beschwichtigt werden muß.

4 A. a. O., S. 423 f. 5 A. a. O., S. 410 f. 6 A. a. O., S. 426 ff.

7 Dafür, daß Kinder den Vater mit einem Tier identifizieren, weiß Freud (a. a. O., S. 412 ff.) reiches empirisches Material beizubringen.

DIE ANGELPUNKTE DER ARGUMENTATION. Ein historischer Beleg dafür, daß die menschliche Gesellschaft tatsächlich aus der besagten Urhorde hervorgegangen ist, kann von Freud nicht verlangt werden, denn es kann keinen geben. Wo Gesellschaft ist, da ist die Horde zugleich in ihr verschwunden, und weder Zoologen noch Archäologen werden je etwas über sie ausmachen. Knochenfunde werden nie die von Freud behaupteten seelischen Vorgänge belegen können, kulturelle Erzeugnisse aber kann die Urhorde nicht hinterlassen haben. Hingegen trägt Freud die Beweislast dafür, daß der Totemismus nicht nur eine frühe, sondern *die frühste* menschliche Organisationsform darstellt. Der Beweis unterbleibt, wie auch jegliche historische Präzisierung des Übergangs von Horde zu Gesellschaft durch Vatermord. Dieser Übergang könnte sich nur auf zwei Wegen vollzogen haben. Entweder fand er in allen Horden in gleicher Weise statt, oder seine seelischen Auswirkungen haben sich von dort aus, wo er stattfand, auf ausnahmslos alle Horden übertragen und die Psyche ausnahmslos aller Individuen geformt. Auf keinen der beiden Wege hat sich Freud getraut, vielmehr entschuldigt er die »zeitliche Verkürzung und inhaltliche Zusammendrängung« seiner Darstellung »als eine durch die Natur des Gegenstandes geforderte Enthaltung [...]. Es wäre ebenso unsinnig, in dieser Materie Exaktheit anzustreben, wie es unbillig wäre, Sicherheiten zu fordern.«[8] Der Vatermord ist jedoch nur dann als *historisches* Schlüsselereignis glaubwürdig, wenn exakt und sicher dargelegt werden kann, wie er, eine partikulare Begebenheit, die seelische Konstitution einer ganzen Gattung hat prägen können.

Die »zeitliche Verkürzung und inhaltliche Zusammendrängung« entrückt Freuds Darstellung des Kulturbeginns der Sphäre exakter Geschichtswissenschaft und erweist sie als spekulatives Konstrukt aus der literarischen Gattung der Sündenfallmythen. Als solches bringt sie zwar Wichtiges zum Ausdruck: Nur kraft des spezifischen Bewußtseins, das die Menschen von allen anderen Lebewesen unterscheidet, können sie sich vom bloßen Naturprozeß abheben und ihre Lebensbedingungen selbst produzieren: nicht nur ihre materiellen Gebrauchsgegenstände, sondern auch ihre gesellschaftliche Organisation. Letz-

8 A. a. O., S. 426.

tere regeln sie zunächst durch elementare Verbote, Tabus, einer ersten Unterscheidung von Gut und Böse, mit der sie vom nur triebgeleiteten Agieren Abstand nehmen. Doch Freuds Argumentation leidet an derselben crux wie ihre Vorgänger der griechischen oder jüdischen Mythologie: Jeder Versuch, diesen elementaren Bewußtseinszustand herzuleiten, sei es aus einem paradiesischen oder einem animalischen Zustand, muß das Herzuleitende unweigerlich schon voraussetzen. Bewußtsein kann aus Nicht-Bewußtsein nicht wiederum durch Bewußtsein rekonstruiert werden. In diesem Punkt hat Freud dem biblischen Sündenfallmythos nichts voraus. Dort wird den Menschen das Wissen von Gut und Böse nur zuteil, indem sie das Verbot, vom Baum der Erkenntnis zu essen, übertreten. Um aber dies Verbot überhaupt wahrnehmen zu können, mußten sie bereits zwischen Gut und Böse unterscheiden – ehe ihnen darüber die Augen aufgingen (Gen 3,1–7). Das gleiche Problem kehrt bei Freud wieder. Die ambivalente Einstellung zum Vater, die die Kultur konstituiert, kennzeichnet auch den Naturzustand. Schon dort herrschte Haß gegen den Vater, weil man nicht so sein durfte, Liebe, weil man so sein wollte wie er. Das »Seinwollen wie ein anderer« ist nichts anderes als der Akt der Identifikation, und dieser, so lehrt uns Freud[9], ist identisch mit dem der Verinnerlichung. Sich etwas Fremdem angleichen kann man nur in dem Maße, wie dies Fremde in die eigene Person integriert wird. Was man da integriert, ist aber nicht die einzelne Sache oder Person selbst, sondern ein Allgemeines an ihr, ein *Ideal*. Die Söhne wollen nicht *der* Vater sein, sondern *wie* der Vater, nämlich stark und mächtig. Verinnerlicht wird durch die Identifikation nicht er selbst, sondern die Macht und Stärke, die an ihm erscheint, und die *ist* bereits Ideal, wenn die Söhne ihren Träger auffressen. Die physische Verinnerlichung ist Folge der psychischen. Die Erhöhung des getöteten Vaters zu Totem und Gott setzt voraus, daß schon vom lebenden ein Allgemeines abgezogen wurde: das Ich-Ideal. So affektbesetzt dieser Vorgang auch sein mag – das Abstrahieren eines Allgemeinen, Ideellen aus der Welt der sinnlichen Einzeldinge ist die genuine Tätigkeit des Intellekts. Der seelische Akt der Identifikation – im Unterschied

9 *Vorlesungen zur Einführung in die Psychoanalyse*, Bd. I, S. 501.

zur bloß reflexartigen, triebgesteuerten Nachahmung – ist stets schon durchs Bewußtsein vermittelt. So unterstellt Freud insgeheim schon der Urhorde, was er sodann aus dem Vatermord entspringen läßt: die Gefühlsambivalenz als seelisches Grundgesetz und das am Vater gebildete Ich-Ideal. Neu am Kulturzustand ist lediglich, daß die Liebe zum Vater die Oberhand über den Haß gewinnt, ohne ihn je ganz bändigen zu können. Sie selbst jedoch bleibt, was sie auch schon vorher war: die eine Seite der ambivalenten Konstitution, also eine bloße psychische Funktion. Sofern Freud die Entstehung des Bewußtseins erklären will, setzt er das zu Erklärende im Ich-Ideal der Urhorde bereits voraus. Sofern er das Ideal oder Tabu zu einer psychischen Funktion herabsetzt, verwischt er die spezifische Differenz der Menschen zu allen anderen Lebewesen – und verfährt ähnlich wie bei der Darstellung des seelischen Apparats. Auch dort ist das Ich, der Sitz des Bewußtseins, lediglich als psychische Funktion definiert, die das Es aus sich hervorgebracht hat. Zum Es gehört »alles, was ererbt, bei Geburt mitgebracht, konstitutionell festgelegt ist, vor allem also die [...] Triebe [...]. Unter dem Einfluß der uns umgebenden realen Außenwelt hat ein Teil des Es eine besondere Entwicklung erfahren. Ursprünglich als Rindenschicht mit den Organen zur Reizaufnahme und den Einrichtungen des Reizschutzes ausgestattet, hat sich eine besondere Organisation hergestellt, die von nun an zwischen Es und Außenwelt vermittelt. Diesem Bezirk unseres Seelenlebens lassen wir den Namen des Ichs.«[10] Ist aber das Ich nichts anderes als ein Mechanismus, der im psychischen Apparat seine vorgeschriebene Funktion erfüllt, so ist alle geistige Tätigkeit nichts anderes als psychischer Mechanismus, auch die der Psychoanalyse. Diese wäre bloß die Verdoppelung ihres neurotischen Gegenstands und weder in der Lage, die psychischen Funktionen intellektuell zu durchdringen, noch dafür zu sorgen, daß das Bewußtsein der unverarbeiteten seelischen Vorgänge Herr werde. Wo immer sie das Bewußtsein zu einer psychischen Funktion degradiert, sei es systematisch im seelischen Apparat oder historisch am Beginn der Menschheit, tritt die Psychoanalyse in Widerspruch zu ihrer eigenen objektiven Voraussetzung: der Mög-

10 S. Freud, *Abriß der Psychoanalyse*, Frankfurt/Main 1973, S. 9f.

lichkeit einer autonomen Tätigkeit des menschlichen Intellekts. Die Erklärung der Religion aus der Gefühlsambivalenz gegen den Vater gelingt ihr daher nur um den Preis der Selbstverleugnung. Sie zahlt ihn, indem sie den neurotischen Konflikt, von dessen Zwang sie die Menschen befreien will, zum ehernen Gesetz aller Kultur erhebt und die Menschheitsgeschichte zum fortgesetzten Kampf zwischen Lebenstrieb und Destruktionstrieb erklärt, der das ewige, ziellose Hin und Her des Naturzustandes lediglich wiederholt.[11] Damit verläßt sie ihr eigenes Fundament, das sie zudem mit aller Religion gemeinsam hat, denn auch jede Religion spricht auf ihre Weise dem bloßen Dahinvegetieren ab, schon der höchste Zweck zu sein und setzt insofern die Möglichkeit der Freiheit vom unmittelbaren Naturzwang voraus. Diese Möglichkeit wird bereits dort erkennbar, wo sich, wie keimhaft auch immer, ein menschlicher Zustand vom bewußtlosen Naturgeschehen unterscheiden läßt. Der Akt der Verinnerlichung eines Ideals, durch den der Intellekt ein Allgemeines aus der Welt der Einzelheiten abstrahiert und so eine erste Unterscheidung zwischen Gut und Böse trifft, stellt zugleich eine eigenständige menschliche Organisation her, die die ungehemmte, blinde Triebbefriedigung als Rückfall ins Animalische unerbittlich ahndet: das Tabu. Es ist ein der Tiernatur ent-sprungener Geistesfunke: aus ihr hervorgegangen, aber nicht aus ihr erklärbar. Ein Moment unableitbarer Freiheit spricht sich darin aus, so kläglich auch die ersten Menschen, ihrer Freiheit nicht bewußt, weiterhin im Bann der Naturnotwendigkeiten standen – noch unfähig, Geist als Chance zu weitreichender Selbstbestimmung wahrzunehmen.

Die Herabsetzung des Geistigen zur psychischen Funktion in Freuds Religionstheorie geht einher mit einer anderen theoretischen Engführung. Freud beschränkt den Kulturbeginn auf die Auseinandersetzung der Menschen mit ihrer inneren Natur, dem blinden Trieb, und läßt die mit der äußeren Natur, ohne die doch die Menschen ihre Lebensbedingungen nicht selbst produzieren könnten, ganz dahinter verschwinden. In der Ausklammerung des materiellen

11 Die Kulturentwicklung »muß uns den Kampf zwischen Eros und Tod [. . .] zeigen, wie er sich an der Menschenart vollzieht«. (*Das Unbehagen in der Kultur*, Bd. IX, S. 249).

Produktionsprozesses gibt Freud Erfahrungen, die erst die bürgerliche Gesellschaft möglich gemacht hat, für menschliche Grunderfahrungen aus. Erst der Kapitalismus trennt Produktionsmittel und Produzenten voneinander und damit auch Familie und Arbeitsplatz. Die Familie verliert ihre traditionelle Funktion der Produktionsgemeinschaft und schrumpft – auch zahlenmäßig – zur Reproduktionsgemeinschaft. Deren Lebensbedingungen werden durch die in der großen Industrie entfesselten Produktivkräfte geformt.[12] Unmittelbare, ungebändigte Natur begegnet nur noch als Kuriosität oder Oase, von materieller Produktion noch unbezwungen oder ausdrücklich verschont. Die natürlichen Bedingungen, unter denen sich die Familie vorfindet, sind nach der industriellen Revolution stets schon produzierte, durch den Gesellschaftsprozeß vermittelte. Dessen abstrakte Bewegungsgesetze üben nun die wirkliche Gewalt über die Individuen aus; physische Personen fungieren nur noch als deren Vollstrecker. So tritt auch dem Kind der bürgerlichen Familie äußere Naturgewalt kaum mehr unmittelbar, fast nur noch ökonomisch vermittelt entgegen. Dem Vater indessen wächst durch seine Stellung im Arbeitsprozeß eine Schlüsselstellung für die seelische Entwicklung des Kindes zu, die ihm *so* in vorbürgerlichen Zeiten noch nicht zukommen konnte. Er, der durch seine physische Übermacht das Kind ohnehin zur Bearbeitung seines Trieblebens zwingt, ist zugleich derjenige, der es die abstrakte gesellschaftliche Gewalt als eine höchst reale verspüren läßt, solange er ökonomisch ganz über die von der Produktion abgespaltene Familie verfügt, weil er allein das Geld nach Hause bringt.[13] Da diese Gewaltausübung jenseits der Produktionssphäre stattfindet, erscheint sie auch als unabhängig von dieser und läßt vergessen, daß die Verbindung von physischer und ökonomischer Macht, die dem Vater – jedenfalls in einer bestimmten sozialen Klasse – vorübergehend tatsächlich die alles entscheidende Bedeu-

12 M. Horkheimer, *Autorität und Familie*, in: *Gesammelte Schriften*, hg. v. A. Schmidt u. G. Schmid Noerr, Bd. 3, Frankfurt/Main 1988, S. 391 f.

13 »Infolge dieser raumzeitlichen Trennung von beruflicher und familialer Existenz kann nun jeder bürgerliche Vater, auch wenn er im sozialen Leben eine armselige Stellung hat und den Rücken krümmen muß, zu Haus als Herr auftreten« (Horkheimer, a. a. O., S. 398).

tung für das kindliche Seelenleben gab, sich nicht dessen persönlicher Stärke, sondern seiner Stellung im Produktionsprozeß verdankt. Mit ihrer Verbannung aus der Familie scheint die Produktion für deren seelischen Zusammenhang keine Rolle mehr zu spielen; doch der gesamtgesellschaftlich organisierte Produktionsprozeß, der unmittelbaren familiären Erfahrung entrückt, bestimmt die Geschicke der Familie mehr denn je und erweist die Vorrangstellung des Vaters als ökonomisch bedingt und zeitlich begrenzt, als ein – inzwischen zudem weitgehend überholtes – *Resultat* der Kultur, nicht aber als deren Substanz.

An der Vertauschung von Substanz und Resultat leiden auch Freuds Ausführungen zu einer zentralen kulturellen Einrichtung: dem Opferritual. Daß Angehörige aller alten Religionen ihren Göttern irgendeinen Tribut entrichten, um sie zu versöhnen, wird auf ein Schuldgefühl zurückgeführt. Das Schuldgefühl gegen Instanzen, denen doch alle Ehrerbietung entgegengebracht wird, kann aber, so folgert der Psychoanalytiker, nur einer geheimen Aggression gegen diese Instanzen entspringen. Diese Aggression, so der Schluß, ist genau jene verdrängte, die ursprünglich dem Urvater galt und durch dessen Erhebung zu Totem und Gott nicht erloschen ist, sondern weiter schwelt und Beschwichtigung verlangt. So ist nach Freud der Vatermord das Uropfer, die Totemmahlzeit, jener kollektive Exzeß, bei dem der ganze Clan den Totem tötet und verzehrt, des Uropfers nahezu unverblümte Wiederholung, und alle weiteren Gestalten des Opferrituals sind nur Varianten ein und desselben Sachverhalts: Das dargebrachte Opfer, sei es Mensch oder Tier, ist gleichermaßen dem Gott wie dem Tod geweiht, gleichermaßen Objekt der Verehrung wie des Hasses und bringt so stets von neuem die Ambivalenz gegen den Urvater zum Ausdruck, zu deren Bewältigung es veranstaltet wird.

Die konstitutive Bedeutung des Opfers für alle Religion und die Entdeckung, daß sein Ritual in der neurotischen Zwangshandlung hartnäckig fortlebt, hat Freud dazu verleitet, das universale Phänomen Opfer auf die partikulare Begebenheit Vatermord zurückzuführen. Dabei bleibt unberücksichtigt, daß die Menschen nur Menschen werden konnten, indem sie sich als Subjekte von der *ganzen* Natur zu unterscheiden anfingen, nicht nur von ihrem eigenen Triebleben. Das ambivalente Verhältnis zum Vater ist nicht Ursprung, sondern nur Ausdruck jenes Zwiespalts mit der Natur als Totalität, in dem sich das aufkeimende Bewußtsein vorfindet. Die unmittelbare Natur, von der es sich unterscheidet, ist einerseits sein striktes Gegenteil, die pure Bewußtlosigkeit, in die es um keinen Preis zurückfallen darf. Andererseits wird dies Andere als das Nichtbewußte *gewußt*, mehr noch, das Bewußtsein stellt an ihm Unterschiede fest und setzt an ihm Zwecke. Also muß es eine dem Intellekt analoge, d. h. intelligible Struktur haben; andernfalls fände überhaupt keine Beziehung zwischen Subjekt und Objekt statt, somit auch kein materieller Produktionsprozeß. Die Natur ist dem Bewußtsein also gleichermaßen fremd wie verwandt, Potential der Bedrohung wie Material der Selbstentfaltung. Dieser objektive Zwiespalt, den die Menschen an der Natur vorfinden, sobald sie sich von ihr unterscheiden, tritt als magisches Naturverhältnis in Erscheinung. Die intelligible Struktur der Natur wird in Gestalt von übersinnlichen Kräften und Geistern zu begreifen versucht, als walte darin ein dem menschlichen zwar überlegener, aber verwandter Geist, zu dem sich eine Beziehung herstellen läßt. Geister und Götter sollen mit sich reden lassen. Sie repräsentieren nun den Doppelcharakter der Natur, sie sind es, die bedrohen oder beglücken. Also muß man alles unternehmen, um mit ihnen ins Reine zu kommen und ihnen den Charakter des Fremden, Bedrohlichen zu nehmen. Die Bedrohung, die von ihnen ausgeht, kann nur durch die Entrichtung eines Tributs abgewendet werden, der versöhnlich stimmt. Dieser Tribut, das Opfer, ist aber nur die Vorwegnahme des Bedrohlichen; die Menschen vollziehen selbst stellvertretend an einem einzelnen Naturding, was die Götter am menschlichen Kollektiv nicht vollziehen sollen. So bringt der Versuch der Beseitigung der Bedrohung nur erneut hervor, was er abwenden will, und das Verhältnis der Menschen zur göttlichen Macht verharrt im Zwiespalt. Die Unterwerfung unter sie geschieht um ihrer Beschränkung willen; sie ist die List des Schwächeren, den Stärkeren heimlich doch den eigenen Zwecken dienstbar zu machen[14], doch sie

14 M. Horkheimer/Th. W. Adorno, *Dialektik der Aufklärung*, in: Horkheimer, *Gesammelte Schriften* Bd. 5, Frankfurt/Main 1987, S. 72 ff.

bestätigt nur den Doppelcharakter der Natur, den sie aufzulösen intendiert. Das magische Naturverhältnis, das im Opfer zum Ausdruck kommt, kann – entsprechend der Mannigfaltigkeit der Natur – die verschiedensten Gestalten annehmen – von der Schlachtung eines Tiers oder gar eines Menschen bis zur Darbringung der Erstlingsfrüchte des Feldes. Auch der kannibalische Ritus, den besiegten Feind oder wenigstens seine Innereien zu verschlingen, um sich seine Kräfte anzueignen, ist ein verkapptes Opfer. Nicht schon der Tod bricht die Macht des Feindes; sie wird erst unschädlich und geht an den Sieger über, wenn er sich mit ihr identifiziert und sie somit anerkennt. Das geschieht, indem er sich ihren Träger einverleibt. So wird der Besiegte der in ihm verkörperten Macht geopfert, die nur dann in den Dienst des Siegers tritt, wenn er sich ihr unterwirft. Ein Opfer darbringen kann also in einem Fall heißen, es zu verzehren, im andern, auf den Verzehr zu verzichten, und auch Mischformen, in denen das Opfer teils verspeist, teils verbrannt wird, sind möglich. Ferner kann das Opfer ein gewöhnliches Naturwesen ohne besondere Würde sein, es kann aber auch für geheiligt gelten durch die göttliche Macht, der es dargebracht wird. All diese Erscheinungsformen sind Varianten desselben Grundmotivs: der stellvertretenden Vernichtung eines Einzelnen zur Rettung der anderen. Ihr Ursprung liegt im zwiespältigen Verhältnis der Subjekte zur Natur als ganzer, nicht in einem vermeintlichen Uropfer. Auch die Totemmahlzeit ist nur eine unter vielen Opferformen, auch sie läßt sich nur begreifen als stellvertretender Vollzug des Bedrohlichen zur Abwendung der Bedrohung, als Unterwerfung unter die Macht zum Zwecke ihrer Bändigung. Ob es allerdings wirklich die Macht eines einst ermordeten Sippenvaters ist, die da gebannt werden soll, oder irgendeine andere aus der Vielzahl der Naturerscheinungen, geht aus dem Totemopfer selbst nicht hervor, und Freuds Erklärungsversuch ist, wie sich zeigte, ein Mythos, kein Beweis.

Wie es sich historisch mit der Totemmahlzeit auch immer verhalten mag – auf jeden Fall hat sie ihren Ursprung nicht in einer subjektiven Gefühlsambivalenz, sondern in der objektiven Scheidung von Subjekt und Objekt. Durch sie ist aller subjektive Widerstreit der Affekte vermittelt. Gut und Böse sind nicht einfach die etwas kultiviertere Fortsetzung von Liebe und Haß, sondern eine Unterscheidung, die das Bewußtsein an den Affekten vornimmt. Das muß, gegen die eigene Intention, auch Freuds Vatermordtheorie einräumen: Nur die Liebe zum Vater ist gut, nicht etwa die zu den von ihm beanspruchten Frauen. Die Scheidung von Subjekt und Objekt sorgt nicht nur für widerstreitende Affekte, sondern macht die Affekte in sich selbst ambivalent: Gut oder böse sind sie je nach dem Objekt, dem sie gelten, nicht schon an sich. Die entscheidende Ambivalenz der Religion und Kultur ist nicht, wie Freud behauptet, das Gegeneinander zweier Affekte, sondern der objektive Zwiespalt, in dem sich das menschliche Bewußtsein zur Natur befindet.

Religion muß freilich nicht ewig das bloße Echo dieses Zwiespalts bleiben, als das ihre historische Urform, die Magie, in die Geschichte eintrat. Das Moment von Freiheit, welches gestattet, etwas Ideales, Geistiges aus der Natur zu abstrahieren, erhebt sich auch über die Natur. Es ist ein Impuls gegen den Naturzwang. Allein schon die Existenz des Ideals drückt aus, daß er nicht das letzte Wort haben soll. Insofern will jedes Ideal die Versöhnung von Geist und Natur, das Aufhören ihres Zwiespalts. Schon die erste primitivste Unterscheidung von Gut und Böse ist auf dies höchste Gut aus. Sie weiß es bloß noch nicht. Woher auch? Ideale entstehen im Bann des Naturzwangs, gegen den sie sich richten. Sie sind anfangs nicht mehr als sein Reflex und können gar nicht anders als ihn zu reproduzieren. Im magischen Verhältnis zu den Göttern wird notgedrungen als Ideal verehrt, was nicht ideal ist. Gott: das bedeutet in aller Religion, von der primitivsten bis zur elaboriertesten, sowohl Ideal als auch Dementi des Ideals, sowohl Versöhnung von Geist und Natur als auch ihr Gegenteil: Versöhnung mit der Unversöhntheit beider. Das Ideal *ist* also Gott, aber es ist auch *gegen* Gott – sofern Gott auch die Idealisierung des Nicht-Idealen bedeutet: Verklärung und Rechtfertigung der unerlösten Welt, des Elends.

Daß Gott und Ideal eins sind, aber auch entzweit, daß im Gottesgedanken der Inbegriff der Magie, aber auch der Impuls gegen sie steckt: das paßte nicht in Freuds Vater-Schema, worin Gott, die idealisierte Vater-Übermacht, zwar vom Kind ambivalent gefühlt wird, in sich jedoch ganz homogen bleibt. Gott, Macht und Ideal sind darin einerlei; die Idealisierung des Nicht-Idealen ist das Wesen des

Ideals, nicht das Unwesen, der usus, nicht der abusus. So gibt es für Freud nur eines: Abschied vom Ideal, ersatzlose Streichung der Gottesidee. Was so freilich verlorengeht, ist der Stachel des Ideals gegen die Realität, und der »Kampf zwischen Eros und Tod«, als unabänderlicher Inbegriff der menschlichen Realität, durch kein Ideal mehr überhöht, wird sich selbst das Höchste. Realität wird Realitäts*prinzip*: ihr eigenes Ideal. Wie man es nennt, ist zweitrangig. Daß Magie nicht unbedingt theologischen Vokabulars bedarf, hat Freuds Neurosenlehre schlagend bewiesen. Seine Religionskritik beweist es unfreiwillig noch einmal. Ihr Versuch, durch Absage an den Gottesgedanken zu einer Realität ohne Ideale zu gelangen, führt wider Willen zur Idealisierung der Realität. So zeigt Freuds Religionstheorie besonders deutliche Rückstände eines Positivismus, über den seine Psychoanalyse derart weit hinausgewachsen ist, daß in ihrem Licht sich Positivismus – als geheime Magie offenbart, die eben nicht nur in psychischer Erkrankung fortdauert, sondern überall, wo die Realität zu ihrem eigenen Ideal erhoben wird, auch im Gewande der Wissenschaft. Es sind Freuds eigene Einsichten, die erkennen helfen, daß er dort, wo er sich am ausdrücklichsten gegen die Religion wendet, ihr am ehesten verhaftet bleibt.

2. Totemmahlzeit und Abendmahl

Gibt die archaische Totemmahlzeit auch keinesfalls die Erklärung für den Ursprung aller Religion her, so ist damit doch noch nicht ausgemacht, was sie als Schlüssel zum Verständnis bestimmter religiöser Phänomene leistet. Immerhin ist sie ein historisches Faktum und ihr Opfercharakter unabweisbar. Freuds Herleitung des Christentums aus dem Totemismus ist also durch den bisherigen Beweisgang noch längst nicht entkräftet; im Gegenteil: Die von ihm beobachtete Ähnlichkeit religiöser Zeremonien mit neurotischen ist ebenso unbestreitbar wie die von Totemmahlzeit und christlichem Abendmahl und gibt seiner These zumindest in den äußeren Erscheinungen ein Fundament. »Im christlichen Mythus ist die Erbsünde des Menschen unzweifelhaft eine Versündigung gegen Gottvater. Wenn nun Christus die Menschen von dem Drucke der Erbsünde erlöst, indem er sein eigenes Leben opfert, so zwingt er uns zu dem Schlusse, daß diese Sünde eine Mordtat war [...]. So bekennt sich denn in der christlichen Lehre die Menschheit am unverhülltesten zu der schuldvollen Tat der Urzeit, weil sie nun im Opfertod des einen Sohnes die ausgiebigste Sühne für sie gefunden hat [...]. Mit der gleichen Tat, welche dem Vater die größtmögliche Sühne bietet, erreicht auch der Sohn das Ziel seiner Wünsche gegen den Vater. Er wird selbst zum Gott neben, eigentlich an Stelle des Vaters. Die Sohnesreligion löst die Vaterreligion ab. Zum Zeichen dieser Ersetzung wird die alte Totemmahlzeit als Kommunion wieder belebt, in welcher nun die Brüderschar vom Fleisch und Blut des Sohnes, nicht mehr des Vaters, genießt, sich durch diesen Genuß heiligt und mit ihm identifiziert.«[15]

Alle theologischen Auseinandersetzungen ums Abendmahl hatten stets eine Grenze: Der gottesdienstliche Ritus, Brot und Wein als Leib und Blut Christi zu verzehren, stand selbst nie in Frage; strittig war nur sein richtiges Verständnis und sein angemessener Vollzug. Freud überschreitet diese Grenze, erklärt den Ritus selbst zur neurotischen Zwangshandlung und disqualifiziert damit alle Abendmahlstheologie zur notdürftigen Rationalisierung. Um diese steile These zu überprüfen, bleibt kein anderer Weg als der Versuch, den weitgehend ins Dunkel gehüllten historischen Ursprung des Abendmahls etwas zu erhellen.

Daß Jesus selbst das Abendmahl eingesetzt habe, steht in Widerspruch zu allem, was man historisch über ihn weiß. Wer vom Feuer der eschatologischen Naherwartung umgetrieben wird und daraus die Kraft seines Auftretens gewinnt, wer in seinen Handlungen und Worten demonstrativ die Ankunft des göttlichen Reiches selbst intendiert, der stiftet keine kultische Feier, um die Verehrung der eigenen Person über den Tod hinaus vorsorglich zu regeln. Die Jesus in den Mund gelegten Einsetzungsworte entstammen der christlichen Gemeinde.[16] Das heißt nicht, daß sie mit der historischen Person nichts zu tun hät-

15 *Totem und Tabu*, Bd. IX, S. 437.

16 Vgl. W. Marxsen, *Das Abendmahl als christologisches Problem*, Gütersloh 1963, S. 17.

ten. Vielmehr ist gewiß, daß festliche Mahlzeiten im Auftreten Jesu eine besondere Rolle spielten. Es heißt, er speise mit Sündern und Zöllnern (Mk 2,16), sei ein Schlemmer und Zecher (Lk 7,34), lasse sich dabei auch noch Exzesse gefallen[17], halte nicht viel von peinlicher Befolgung der Speisevorschriften[18] und gar nichts vom Fasten.[19] Alle diese Vorwürfe, die die Evangelien ihrer eigenen theologischen Konzeption zum Trotz getreulich aufbewahrt haben, verweisen auf ein historisches Fundament: Jesu ausgiebige Feier von Mahlzeiten im Stile des jüdischen Gastmahls – und dessen gleichzeitige Entweihung. Die rabbinische Literatur hat die Durchführung festlicher Mähler genau geregelt. Der Veranstalter hatte darauf zu achten, daß die Geladenen zueinander paßten und alle, die es mit ritueller Reinheit nicht so streng hielten, ausgeschlossen waren.[20] Nach der Begrüßung der Gäste und der Abhaltung eines Vortischs[21] begann das eigentliche Mahl. Die Gäste legten sich, genau nach Rang und Würde geordnet, zu Tisch, das Wasser zur Reinigung der Hände wurde gereicht, und der Gastgeber eröffnete das Essen mit dem Brechen und Verteilen des Brotes, über dem er zuvor den Lobpreis Jahwes gesprochen hatte.[22] Am Ende der durch viele Speisevorschriften bestimmten Mahlzeiten sprach der Gastgeber oder der vornehmste Gast das Dankgebet mit dem sogenannten »Becher des Segens« in der erhobenen Hand[23], und es hat dann sowohl die Sitte gegeben, jeden seinen eigenen Becher leeren zu lassen, als auch allen einen gemeinschaftlichen Becher zum Trinken zu reichen.[24]

Die rabbinischen Anweisungen zur korrekten Durchführung des Mahls berufen sich auf das alttestamentliche Gesetz. Die dort aufgezeichneten Speisevorschriften bilden ein Sammelsurium heterogener

17 Wie das Übergossenwerden mit Öl (Mk 14,6).
18 »Nicht was in den Mund hineinkommt, verunreinigt den Menschen, sondern was aus dem Mund herauskommt« (Mt 15,11).
19 Mk 2,18; vgl. auch das Ährenessen der Jünger am Sabbat (Mk 2,23 ff.).
20 Vgl. H. Strack/P. Billerbeck, *Kommentar zum Neuem Testament aus Talmud und Midrasch*, Bd. IV/2, 1924, S. 611.
21 Strack/Billerbeck, a. a. O., S. 615 ff.
22 A. a. O., S. 621.
23 A. a. O., S. 627 f.
24 Strack/Billerbeck, a. a. O., Bd. IV/1, 1928, S. 58 und 76.

Bräuche, deren Ursprünge sich historisch nicht mehr restlos aufhellen lassen. Dennoch gibt es ein Festmahl von überragender Bedeutung: das Passa, das Israel den Auszug aus Ägypten ermöglicht haben soll. Die Schlachtung und Verspeisung des Passalamms, mit dessen Blut die Juden die Türpfosten bestrichen und so den Würgeengel bewogen, nicht in ihren, sondern nur in den ägyptischen Häusern zu wüten (Ex 12), ist zweifellos ein magischer Opferritus, und es scheint, als seien alle andern alttestamentalischen Speisevorschriften auf dieses eine Festmahl ausgerichtet oder an ihm orientiert. Nicht nur in den relativ späten Gesetzessammlungen des 2.–5. Mosebuches, sondern auch in kleinen Episoden aus älteren Traditionsschichten steht die feierliche Mahlzeit fast immer mit der Darbringung eines Opfers im Zusammenhang.[25] Zwingt dieser Sachverhalt zu dem Schluß, daß das jüdische Festmahl ganz und gar aus dem Opferritus hervorgegangen und seinem Wesen nach totemistisch sei? Dagegen sperren sich einige wenige, aber gewichtige alte Passagen. So schließt Isaak mit Abimelech und seinen Leuten einen Bund, »daß du uns nichts zuleide tuest, wie auch wir dich nicht angerührt und dir nur Gutes getan und dich in Frieden haben ziehen lassen [...] Da bereitete er ihnen ein Mahl, und sie aßen und tranken.« (Gen 26,29 f.) Die gemeinsame Mahlzeit besiegelt feierlich den Bundesschluß; sie ist als Zeichen der Versöhnung verständlich, ohne daß erst ein Opferritus hinzutreten muß, der sie feierlich macht[26], denn sie ist in sich selbst bereits ein Archetypus des Gelingens: Die gemeinsame Mahlzeit muß unter archaischen Produktionsverhältnissen der Natur erst mühsam abgerungen werden, aber sie ist zugleich deren Genuß als Resultat kollektiver solidarischer Anstrengung. Wird dieser Naturgenuß feierlich zelebriert, so gewinnt er eine Symbolkraft, die sich unmittelbar aus archaischer Naturerfahrung speist. Diese Kraft hat erstmals das alte Israel zu theologischer Wirkung gebracht. Das Land, mit dessen Verheißung sein Gott sich offenbart, ist eines, »wo Milch und Honig fließt« (Ex 3,17). Der Gedanke der Versöhnung, die nicht wieder magischem Zwang untersteht, ist ins Bild ungetrübten Nahrungsgenusses gekleidet. Der Fluch, der seit dem Sündenfall auf

25 Vgl. Gen 31,54; Ex 18,12; 24,3 ff.
26 Vgl. auch Jos 9,14 ff.

dem Erdboden lastet und die Menschen zwingt, ihr Brot im Schweiße ihres Angesichts zu essen (Gen 3,17 ff.), ist darin aufgehoben; kein Opfer, keine Entbehrung hat hier Platz.[27] Doch wie im Alten Testament allenthalben magisches Bewußtsein diesen Gedanken überdeckt hat, wie sogar das Passa zum Wahrzeichen des Auszugs ins gelobte Land geworden ist, so vermischen sich auch in der feierlichen jüdischen Mahlzeit, die als Zeichen des Bunds zwischen Jahwe und Israel veranstaltet wurde, zwei einander widerstreitende Bedeutungen: Bundesschluß als besänftigende Opferdarbringung »zum lieblichen Geruch für Jahwe« (Lev 4,31) einerseits, als Symbol der verheißenen Versöhnung andererseits. Beide sind nicht gleich mächtig. Der Gedanke des gelobten Landes ist zerbrechlich und von seinem ersten Auftreten an bedroht vom Tanz ums goldene Kalb, der magischen Orgie, die sich mit der Unversöhntheit der vorfindlichen Welt versöhnt. Der Kampf der Propheten gegen das Vergessen des Exodus und der an ihn geknüpften Verheißung richtet sich gegen diesen magischen Sog und ist dennoch immer wieder in ihn geraten. Auch an der feierlichen Mahlzeit erweist das Magische seine Macht: Solange sie von rituellen Speisevorschriften beherrscht wird, geht der Archetypus des Gelingens unter in einer Zeremonie, die nur der Ausdruck jener Entbehrung und Unversöhntheit ist, die sie verscheuchen will.

Die Entweihung, die Jesus dieser Mahlzeit angetan hat, ist die erneute Durchbrechung des Magischen. Die Naherwartung des Gottesreiches entfesselt auch die utopische Kraft des Bildes vom eschatologischen Versöhnungsmahl neu, und seine symbolische Durchführung ist zugleich die Veranschaulichung seines neuen, radikalisierten Verständnisses. Soweit sich rekonstruieren läßt, hat Jesus in aller Schärfe erkannt, daß weder der Sieg der Juden über alle Feinde noch die universale Apotheose des jüdischen Gesetzes den Titel des Gottesreiches verdient, weil beide nichts anderes als die Verewigung von Herrschaft und Knechtschaft wären und nicht das verheißene Gelingen der Geschichte

27 Die Kraft des Symbols ist von den Produktionsverhältnissen abhängig. Unter den Bedingungen völlig vergesellschafteter Produktion, die den Produktionsprozeß anonym macht und ihn blind einen Überfluß an Lebensmitteln ausspeien läßt, nimmt das alte Bild des Gelingens die Gestalt einer Schreckensvision an: das große Fressen.

sein können. Das wahre Reich der Freiheit muß den Unheilszusammenhang dieser Welt als ganzen sprengen.[28] Die Mahlgemeinschaft, die in glühender Naherwartung diese Sprengung gleichermaßen darstellt wie herbeibeschwört, muß das jüdische Gesetz brechen, seine Speisegebote ignorieren und die Feinde des jüdischen Volkes mit einbeziehen. Durchbrechung der Magie und des Gesetzes fallen hier ineins. So gehört die von Jesus zelebrierte Mahlzeit zu den entscheidenden Gründen für seine Kreuzigung.[29]

Was Jesus ans Kreuz brachte, führte die christliche Gemeinde zusammen. Wenn es historisch zuverlässig ist, daß die ersten Christen sich täglich im Jerusalemer Tempel trafen (Acta 2,46), so konnten sie dort, wo die Mörder ihres Herrn sich versammelten, jedenfalls nicht als eigene Gruppe auftreten. Also wird der zweite Teil des Verses von der eigentlichen Gründung einer christlichen Gemeinde handeln: »Abwechselnd von Haus zu Haus brachen sie das Brot und nahmen die Speise zu sich mit Jubel und Lauterkeit des Herzens.« (Acta 2,46 b) Was lag in Ermangelung eines eigenen Versammlungsorts näher, als sich bei der umschichtigen Feier des Mahls Jesu als seine Gemeinde zu konstituieren?[30] Was sich die Teilnehmer anfangs dabei im einzelnen dachten, läßt sich nicht mehr feststellen. Sicher ist nur, daß der gekreuzigte Jesus als auferstanden galt, und das verändert bereits das Verständnis entscheidend. War zu Jesu Lebzeiten die Mahlzeit der Versuch, in der symbolischen Zelebrierung des Gottesreiches das Symbo-

28 Allein diese Einsicht macht die Radikalität der Bergpredigt und Gleichnisse aus; in ihr liegt die spezifische Differenz Jesu zu seinen Zeigenossen begründet, seien es Pharisäer, Zeloten, Essener oder Anhänger Johannes des Täufers: »Sie alle vertreten den Sieg der Gottesgerechtigkeit [...] zur Erhöhung der hier Unrecht leidenden Gerechten und zur Beschämung der Gesetzlosen und Gottlosen.« (J. Moltmann, *Der gekreuzigte Gott*, München 1972, S. 122).

29 Der Versuch, aus den ältesten Schichten von Lk 22,14–20 den ursprünglichen, von Jesu selbst gemeinten Sinn des Abendmahls zu gewinnen, fischt historisch im Trüben und ist sachlich unergiebig. Selbst wenn hier wirklich die Stimme des historischen Jesus ertönte, was sich durch nichts beweisen läßt, so könnte sie seiner letzten Mahlzeit eine besondere Bedeutung nur als dem Siegel auf seine sonstigen Mahlzeiten verleihen. Deren Sinn aber läßt sich historisch viel zuverlässiger aus den Denunziationen der Gegner Jesu ermitteln als aus diesem verdorbenen Text, der zum Nachweis einer authentischen Stiftungsfeier genauso untauglich ist wie die Einsetzungsberichte der anderen Evangelien.

30 Vgl. Marxsen, a. a. O., S. 21.

lisierte selbst herbeizurufen, so war nun nach Auffassung der Gemeinde das Symbolisierte bereits eingetroffen; das Auferstehungsbekenntnis begreift den Tod Jesu als den universalen Riß in der Geschichte, mit dem die allgemeine Totenauferstehung beginnt. In Mt 27,51 ff. hat sich dies ursprüngliche Verständnis am deutlichsten erhalten: »Und siehe, der Vorhang im Tempel zerriß von oben bis unten in zwei Stücke, und die Erde erbebte, und die Felsen zerrissen, und die Grüfte öffneten sich und viele Leiber der entschlafenen Heiligen wurden auferweckt«. In dieser kruden Phantasie, die schon im Matthäusevangelium den Charakter eines Fremdkörpers hat, drückt sich dennoch der das Christentum begründende geschichtsphilosophische Gedanke aus, der folglich auch die urchristlichen Zusammenkünfte beherrscht haben muß: Das Signal zum Umbruch der Verhältnisse ist gegeben; der Unheilszusammenhang ist eingerissen, aber das Reich der Erlösung ist noch nicht endgültig hervorgetreten. Das Mahl, das ehemals, als Jesus es veranstaltete, das Zerreißen des Unheilszusammenhangs beschwor, beschwört nun die Wiederkehr des Zerreißers zur eschatologischen Tischgemeinschaft der versöhnten Menschheit.[31] Die Mahlgemeinschaft begreift sich als die Vermittlung von Historischem und Eschatologischem, als der Übergang vom Symbol zum Symbolisierten. Die älteste überlieferte Abendmahlsliturgie, noch frei von legendären Zusätzen, hat diesen Sinn bewahrt: »Der Kelch der Danksagung, über welchem wir danksagen, ist er nicht die Gemeinschaft des Blutes Christi? Das Brot, das wir brechen, ist es nicht die Gemeinschaft des Leibes Christi?« (1 Kor 10,16) Brot und Kelch werden hier noch nicht *als* Leib und Blut Christi genossen, sondern bringen die Mahlgemeinschaft mit der leibhaftigen Person zum Ausdruck, und zwar in doppelter Hinsicht: Die Gemeinschaft mit Blut und Leib Christi ist einerseits die leibhaftige historische, die erinnernd vergegenwärtigt wird, andrerseits die leibhaftige eschatologische, die unmittelbar bevorstehen soll. Das Präsens »ist« bezieht sich auf beide, kann aber nicht

31 Der eschatologische Seufzer »Maranatha (= unser Herr, komm')« (1 Kor 16,22), der unbestritten aus der allerfrühesten Gemeinde stammt, wird seinen Ort kaum anderswo gehabt haben können als dort, wo die Gemeinde als ganze ihren Ursprung hat: im Abendmahl. Dort weist ihm denn auch die älteste erhaltene Gottesdienstordnung seinen Platz an (Didache 10,6).

für beide gleichzeitig gelten. So bezeichnet es den Übergang, worin beide vermittelt sind. Die christliche Kirche konstituiert sich als der wahre welthistorische Exodus: der sprunghafte, umbruchartige Übergang aus dem Reich der Notwendigkeit ins Reich der Freiheit.

Lange läßt sich dieser Schwebezustand, der das Ersehnte für so gut wie eingetroffen nimmt, das Wechselbad zwischen eschatologischem Jubel und Seufzen nicht aushalten, und der Ritus, der eine einmalige universalgeschichtliche Bewegung zum Ausdruck bringen will, ist auf Langfristigkeit und Wiederholung nicht angelegt. So mußte er, als das Ersehnte sich hinauszögerte, eine andere Bedeutung annehmen. Die gewinnt er durch die Uminterpretation des Gemeindemahls in eine Stiftung Jesu, die er »in der Nacht, da er verraten ward« (1 Kor 11,23), selbst eingesetzt habe: »Solches tut zu meinem Gedächtnis.«[32] Damit ist die ständige Wiederholung legitimiert und die inhaltliche Sinnverschiebung eingeleitet. Das Brechen des Brotes und Darreichen des Kelches ist nicht mehr der Übergang von der einen zur anderen leibhaftigen Gemeinschaft mit Jesus, sondern die Wiederholung dessen, was er selbst für die Gemeinde getan hat: »daß der Herr Jesus [...] das Brot nahm, das Dankgebet darüber sprach, es brach und sagte: Dies ist mein Leib für euch [...]. Desgleichen auch den Kelch nach der Mahlzeit mit den Worten: Dieser Kelch ist der neue Bund in meinem Blut« (1 Kor 11,23 ff.). Jesus bricht das Brot als seinen Leib für die Gemeinde, gibt ihr den Kelch als Blut des neuen Bundes[33], d. h. er vollzieht symbolisch im voraus seinen Tod als Hingabe für die Gemeinde, und diese vollzieht ihn noch einmal nach und genießt den Leib, vergießt und genießt das Blut ihres Herrn und verleibt sich so seine Heilswirksamkeit ein. Der als auferstanden Proklamierte, dessen Parusie durch die Mahlgemeinschaft ursprünglich erst provoziert werden sollte, ist nun in Brot und Wein bereits präsent, ohne leibhaft erscheinen zu müssen; vielmehr

32 1 Kor 11,24. Nach Marxsen, a. a. o., S. 19, »könnte man [...] die Einsetzungsberichte ätiologische Kultlegende nennen«.

33 Die Anlehnung an den Schluß des alten Bundes, wie Ex 24,8 ihn darstellt, ist deutlich: »Danach nahm Mose das Blut (sc. der geschlachteten Stiere), besprengte das Volk damit und sprach: Seht, das ist das Blut des Bundes, den Jahwe [...] mit euch geschlossen hat.« Daß die Synoptiker die Einsetzung des Abendmahls während des Passamahls stattfinden lassen, ist nur die Konsequenz daraus: Die Wahrheit des alten Bundes ist der neue, das wahre Passa ist das Abendmahl (vgl. Marxsen, S. 18).

sind Brot und Wein zur Weise seiner sakramentalen Erscheinung geworden. Macht deren Genuß als Leib und Blut Christi nun das Wesen des Abendmahls aus, so wird die Mahlgemeinschaft selber, das gemeinsame Essen, akzidentell. Waren nach jüdischem Brauch das Brechen des Brotes und Darreichen des Kelches noch die beiden Akte, die ein ganzes Mahl einrahmten[34], so hat schon Paulus die Sitte vorgefunden, erst am Schluß des Sättigungsmahls Brot und Kelch darzureichen[35], und es ist dann nur noch eine Frage der Zeit, bis das Herrenmahl von jeglicher Mahlzeit abgetrennt und als eigenständiger Ritus zelebriert wird, zu dem überdies nur die Getauften zugelassen sind (Did 9,5). Mit der Umdeutung des Abendmahls zur Stiftung Jesu verliert dessen skandalöser Verbrechertod am Kreuz[36] seine Anstößigkeit und wird seinerseits zum Sinnstifter: Als Hingabe des gehorsamen Sohnes ist er die eigentliche Heilstat Gottes, die sein mußte, um Gott und Menschen miteinander zu versöhnen. Zwar geschieht dieser Bedeutungswandel noch im Bewußtsein der Naherwartung, ändert aber das Verhältnis zu ihr. Der ersten christlichen Mahlgemeinschaft bedeutete das Heil nichts Geringeres als die Parusie selbst, also das noch Ausstehende. Das Geschick Jesu war nur dessen Einleitung, der Beginn des welthistorischen Umbruchs. Nun jedoch wird das entscheidende Ereignis in die Vergangenheit verlegt. In Christi Hingabe ist die Heilstat ein für allemal geschehen, und man hat bereits an ihr teil in ihrer sakramentalen Wiederholung, die beliebig oft möglich ist und auch durch die Parusieverzögerung nicht um ihren Sinn gebracht wird. Das Heil ist, wiewohl auf Bewährung, schon in der bestehenden Welt als positives Gut verliehen; die Parusie drückt nur noch das Siegel der Unwiderruflichkeit auf.

So hat der Opfergedanke vom Abendmahl Besitz ergriffen, ehe noch Paulus sich zum Christentum bekehrte. Die rituelle Wiederholung der Tötung des Gottessohnes sowie sein heilbringender Verzehr sind untrügliche Anzeichen; keine Ausflucht kann über ihren magischen Cha-

34 Davon zeugt noch 1 Kor 11,23 ff.: Zu Beginn des Mahls bricht Jesus das Brot, aber erst »nach der Mahlzeit« (V. 25) reicht er den Kelch.

35 Vgl. Marxsen, S. 13.

36 Die Kreuzigung war als die schmählichste Strafe überhaupt entlaufenen Sklaven und politischen Aufrührern vorbehalten; vgl. Moltmann, a. a. O., S. 129.

rakter hinwegtäuschen. Die urchristliche Bewegung hat den Versuch, die magische Fessel abzustreifen, in ihrem Enthusiasmus auf die Spitze getrieben und die eigene Erwartung einer unerträglichen Belastung ausgesetzt: Entweder findet die welthistorische Wende *jetzt* statt und kommt durch die Gemeinde zur Erscheinung, oder die Erwartung muß am gleichgültigen Fortgang der alten Geschichte zerbrechen. Die Deutung des Todes Jesu als Opfer erlöst von dieser Alternative. Sie entschädigt für das Ausbleiben der Parusie und bietet, wenn schon die wahre Versöhnung nicht eintritt, wenigstens die erneute Versöhnung mit den vorfindlichen Verhältnissen dar. In Wein und Brot ist, obwohl die reale Unversöhntheit andauert, das Heilsgut bereits ganz, wenn auch auf Widerruf, gegeben – zur sorgfältigen Bewahrung auf den jüngsten Tag und zugleich als Wegzehrung und Stärkungsmittel für den möglicherweise langen Marsch bis dorthin, auf den sich die Kirche mit der Etablierung eines sakramentalen, auf Wiederholung angelegten Ritus *faktisch* einrichtet, auch wenn sie zunächst noch auf die baldige Wiederkehr Christi hofft.

Freud hat also in der Tat den wunden Punkt getroffen. Wie scharfsinnig auch die spätere Abendmahlstheologie durch metaphysische Distinktionen das Verhältnis von Brot und Leib, Wein und Blut hat einsichtig machen wollen, der Grundgedanke, die reale Präsenz Christi in Brot und Wein, bleibt magisch. Der Glaube an die in Speise und Trank sich mitteilende Heilskraft ist beim Wilden, der das Herz des getöteten Feindes verschlingt und dessen Blut säuft, kein prinzipiell anderer als beim Christen, der Brot und Wein als Leib und Blut seines Herrn zu sich nimmt. Freilich ist über dieser Gemeinsamkeit die Differenz nicht zu vergessen. Das Abendmahl ist nicht, wie Freud meinte, die *unmittelbare* Wiederkehr eines archaischen Ritus. Der Opfergedanke erfährt im Christentum eine entscheidende Wandlung und wird ein Stück weit dem magischen Zusammenhang entrissen. Die Hingabe Jesu ist keine Kulthandlung, die die Menschen zur Beschwichtigung Gottes vollziehen, sondern Gott gibt seinen Sohn für die Menschen; das herkömmliche Verhältnis von Veranstalter und Empfänger des Opfers ist umgedreht, und auch das Moment der List, konstitutiv für das archaische Opfer, findet hier keinen Platz. Eine wirkliche Opferhandlung hat ja in der Hinrichtung Jesu historisch auch gar nicht stattgefunden, vielmehr wird diese nachträglich als das universalhistorische Sühnopfer, das ein für allemal die Hermetik des Unheilszusammenhangs durchbrochen hat, interpretiert. »Opfer« wird zum geschichtsphilosophischen Begriff für die einmalige historische Vermittlung von Gottheit und Menschheit. Als solcher liegt er der späteren dogmatischen Lehre von der Inkarnation und den zwei Naturen Christi zugrunde, die seinen Gehalt aufs Sorgsamste auseinanderfaltet und die er zu ihrer geistigen Subtilität dabei nur inspirieren konnte, weil er selbst schon Vergeistigung des Archaischen ist.[37] Das einmalige, historisch verstandene Opfer gewährt seine Heilswirksamkeit nicht mehr durch unmittelbare magische Wiederholung, sondern durch Vergegenwärtigung in der Reflexion; nur das Bewußtsein, das die in Christus bereits geschehene Vermittlung erkennend nachvollzieht, hat an ihr teil. Entsprechend ist auch das Abendmahl kein unmittelbar archaisches Ritual, sondern ein symbolisches, und die Heilskraft von Brot und Wein teilt sich darin nicht automatisch mit, sondern nur dem, der die Bedeutung des Opfers glaubend erkennt. Auch das alte totemistische Vaterverhältnis ist durchbrochen. Das Opfer des Gottessohnes kann nur wirksam werden, wenn er keine ambivalenten Gefühle gegen den Vater hat; nur *als* dem Willen des Vaters konforme Tat ist die Hingabe des Sohnes heilsbringend. Sie kann nicht zugleich noch untergründig aggressiv sein und, wie Freud meint, die Vaterreligion durch eine »Sohnesreligion«[38] ablösen. Hingegen führt die Verbannung des Zwiespalts aus der Person Christi, durch die sein Opfer erst möglich wird, zur Versöhnung der Menschheit mit dem Zwiespalt, der ihr als ganzer weiterhin anhaftet.

So hat Freud in zweifacher Hinsicht unrecht: Weder ist das Sühnopfer der das Christentum konstituierende Gedanke, noch ist das Christentum seine unmittelbare archaische Wiederkehr. Wohl aber ist er für das Verständnis der Heilstat Christi der beherrschende geworden, und das Abendmahl als kultischer Ritus zeigt deutlich die doppelte Auf-

37 Vgl. Verf., *Vermittlung als Gott*, Lüneburg 1986, S. 48ff.

38 *Totem und Tabu*, a. a. O., S. 437. Was Freud mit diesem Begriff intendiert, ist unklar geblieben. Wie soll die Tat, die die Herrschaft des zum Gott erhöhten Vaters bestätigt und erneuert, eben diese Herrschaft durch eine andere ersetzen?

hebung, die ihm dabei widerfahren ist: seine Erhebung zum geschichtsphilosophischen Begriff einerseits, die Konservierung seiner magischen Momente andrerseits.

Jedoch war eigentlich der ganz ursprüngliche christliche Enthusiasmus, der unmittelbar die Parusie beschwor, etwas anderes als Magie? Er war blind gegen die Härte der Realität und zerbrach folglich schnell an ihr, aber er war nicht schon deswegen magisch, *weil* er beschwörerisch war. Es gibt eine Beschwörung, die nicht der Beschwichtigung herrschender Mächte dient, sondern sich gegen die Gewalt des Magischen selbst richtet. Als illusionärer Sturmlauf geht sie unter, in der Gestalt substantieller Erkenntnis hält sie stand. Wo immer sich menschliches Bewußtsein davon befreit, bloßer Abdruck bestehender Gewaltverhältnisse zu sein, indem es sie kritisch begreift, verhält es sich in gewisser Weise beschwörend. Denn es kann seiner eigenen Freiheit nicht froh werden, solange die durchschauten Verhältnisse weiterhin die beherrschende Macht sind. Seine eigene Freiheit sinkt in nichts zusammen, wenn sie bei sich selbst stehenbleibt und nicht in der Befreiung der gesamten Kreatur von allem Elend ihren eigenen Endzweck erkennt. So beschwört die sich selbst durchsichtige Freiheit des Bewußtseins immer schon das Gelingen des Ganzen. Dies Gelingen kann auch für aufgeklärtestes Bewußtsein kein anderes sein als jener welthistorische Umbruch, an dessen Beginn sich der historische Jesus und in dessen Vollzug sich die urchristliche Mahlgemeinschaft wähnte.

Daß die Erwartung beider trog, ist kein Argument gegen das Erwartete. Erst in einem widerspruchsfreien Ganzen wäre die Vernunft ganz bei sich selbst und die Menschheit wirklich zu Hause. Die Umwälzung des Unheilszusammenhangs in eine von allem Widerstreit befreite Totalität ist das einzig vernünftige Telos der Menschheitsgeschichte. Der urchristiche Enthusiasmus vermochte diese Umwälzung freilich nur ohnmächtig zu symbolisieren. Daß sie mehr sein könnte als ein Symbol – dafür hat erst die Entfesselung der Produktivkräfte in der Neuzeit das materielle Fundament geschaffen, welches unabweisbar veranschaulichte, daß die Menschen ihre Geschichte selbst machen, wenn auch bisher nicht aus freien Stücken. Erst diese Einsicht gibt dem theologischen Umwälzungsgedanken seine volle politische Brisanz. Die aber ist zwiespältig, rückt das vernünftige Telos zum Greifen nahe und unendlich fern zugleich. Einerseits liegt es nun einzig an den Menschen selbst, ob die welthistorische Umwälzung stattfindet oder nicht. Andrerseits sind sie mit ihr allein. Es ist nicht abzusehen, wie mehr aus ihr werden soll, als Menschen aus ihr machen. Sie können ebensowenig auf einen überirdischen Bündnispartner setzen, wie sie ohne dessen Hilfe die Umwälzung zur Vollendung bringen werden. Selbst das Höchstmaß an Freiheit, das eine zur Besinnung gekommene, über ihre technischen Mittel solidarisch gebietende Menschheit realisieren könnte, wäre des Zwangs nicht ledig, den Bedürftigkeit und Sterblichkeit der Kreatur auferlegen. Daher bewahrt unverkürzte Vernunft die theologische Sehnsucht nach einer Neuschöpfung der Kreatur in sich auf – und damit einen Funken jener antimagischen Beschwörung, die im urchristlichen Enthusiasmus allzu überschwenglich flackerte. Denn sie weiß: Der vollkommene Übergang ins Reich der Freiheit läßt sich nicht erzwingen, weder durch logische Konstruktion noch durch politische Organisation. Sein Gelingen steht in Diskontinuität zu der Geschichte, deren einzig vernünftiges Ziel er ist. Es hat daher seinen guten Grund, wenn Benjamin offenließ, ob die Ankunft des Messias eine Metapher für die Revolution sei, oder ob es sich umgekehrt verhalte.[39]

39 Vgl. W. Benjamin, *Über den Begriff der Geschichte*, in: *Gesammelte Schriften*, hg. v. R. Tiedemann u. H. Schweppenhäuser, Bd. I.2, Frankfurt/Main 1974, S. 701 ff.

Jungfrauengeburt

Moderne Theologen reden viel von heißen Eisen; nur selten packen sie sie an. Frau Ranke-Heinemann scheint zu den Ausnahmen zu gehören; wagte sie doch, eine bestimmte Aussage des christlichen Credo öffentlich in Zweifel zu ziehen. »Empfangen vom Heiligen Geist, geboren von der Jungfrau Maria« – das will sie nicht mehr als Faktum verstanden wissen, sondern nur noch als Metapher: »als Versuch einer bildhaften Annäherung an das Geheimnis der Erlösung«[1]. Eine elegante Lösung – all jenen aus der Seele gesprochen, die nicht länger leugnen mögen, daß übernatürliche Zeugung und jungfräuliche Geburt physisch schlicht unmöglich sind und derlei Unmöglichkeiten im Credo nur allzu gern los wären, damit ihnen der Glaube möglich bleibe. Doch kommt man so billig davon?

Befragen wir das Neue Testament. »Christus ist für unsere Sünden gestorben«, sagt Paulus (1 Kor 15,3) und stellt bereits Überlegungen an, wie das möglich sein konnte. Für die Sünden aller Menschen zu sterben vermag nur, wer sowohl Mensch als auch sündlos ist; denn wer sündig ist, stirbt nur für die eigenen Sünden: »Der Tod ist der Sünde Sold« (Röm 6,23), und den entrichten seit Adam alle: Durch den ersten Menschen ist »die Sünde in die Welt gekommen« und »der Tod auf alle Menschen übergegangen« (Röm 5,12). Von diesem Schicksal, das sich unerbittlich von Generation zu Generation fortpflanzt, kann nur erlösen, wer vom Fortpflanzungsprozeß der Sünde ausgenommen ist: ein »letzter Adam«, der »vom Himmel« stammt (1 Kor 15,45 ff.) und »von keiner Sünde wußte« (2 Kor 5,21).

Schon Paulus spricht also klar aus, wie einer beschaffen sein muß, damit er für die Sünden der Menschheit zu sterben überhaupt in der

1 Uta Ranke-Heinemann, ›Maria und die zölibatären Männer‹, in: *Die Zeit*, Nr. 31/1987, S. 29.

Lage ist, und was daraus folgt, liegt auf der Hand: Um sündlos zu sein, muß Christus übernatürlicher Sphäre entstammen. Andererseits muß er als wahrer Mensch wirklich geboren sein, also eine irdische Mutter haben, die dem Naturprozeß mit Haut und Haaren angehört. Es muß also eine Zeugung stattgefunden haben – aber jenseits allen Geschlechtsverkehrs, der als Übertragungsakt menschlicher Keime stets auch Keim künftiger Sünde ist. Ohne das Paradox einer unsexuellen Zeugung wird nichts aus der Menschwerdung Gottes, und es stellt sich heraus: Die übernatürliche Empfängnis und Jungfräulichkeit Mariae ist ebenso Bedingung der Sündlosigkeit Christi wie diese die Bedingung der Heilskraft seines Todes. Wenn das »Gestorben für unsere Sünden« keine Metapher ist, dann ist die Jungfrauengeburt auch keine, und alle Ausflüchte helfen nichts: Daß sie bloß durch einen Übersetzungsfehler in einem alttestamentlichen Zitat (Jungfrau statt junge Frau, Matth 1,23) in die Evangelien gerutscht sei oder daß sie als ein allgemein verbreitetes religionsgeschichtliches Motiv nichts spezifisch Christliches darstelle. Kommt es doch darauf an, wie das unspezifische Motiv durchs Christentum spezifiziert wurde: Es gerät in die Zucht einer gedanklichen Konstruktion und gewinnt den Status logischer Notwendigkeit. Wie man sich auch dreht und wendet – die Jungfrauengeburt gehört zu den Hypotheken, mit denen die Lehre vom Tod Christi für unsere Sünden ihr Lebtag belastet bleibt.

Anfangs freilich mußte man sich nicht drehen und wenden. Solange die Jungfrauengeburt *nur* theologische Denknotwendigkeit war, als physische Unmöglichkeit aber noch nicht unumstößlich feststand, gab es kein Vertun: Selbstverständlich gehörte sie ebenso zum Credo und zu den Heilstatsachen wie die Gottessohnschaft Jesu. Erst die moderne Naturwissenschaft macht unabweislich, daß das theologisch Denknotwendige zugleich das physisch Unmögliche ist, und seit sich das so weit herumgesprochen hat, daß man die Augen davor nicht länger verschließen kann, dreht und windet man sich an höchster Stelle. Die Jungfrauengeburt preisgeben kann man nicht, sie als physisches Faktum weiterhin forsch zu behaupten wagt man nicht. Also weicht man aus: Die Gottesherrschaft, so Joseph Ratzinger, »ist kein biologisches, sondern ein ontologisches Faktum; kein Vorgang in der Zeit, sondern in Gottes

Ewigkeit«[2]. Als Auslegung des Dogmas ist das korrekt: Wenn nicht auf gewöhnliche physische Weise erzeugt, so muß Christus schon zuvor auf metaphysische Weise existiert haben. Nur was hilft's, daß Ontologie etwas anderes als Biologie und durch diese nicht zu ersetzen ist? Eine Ontologie, die der Biologie widerspricht, kann sich selbst die Inkarnationslehre nicht leisten. Wenn ein gewisses »ontologisches Faktum« etwa um das Jahr 1 unserer Zeitrechnung nicht auch eine biologische Dimension gewonnen hat, dann hat der Christus des Credo nie Fleisch und Blut angenommen. Das weiß keiner besser als Ratzinger; daher hangelt er sich mit Phrasen über die biologische Klippe. Die Jungfrauengeburt sei »Botschaft davon, wie *uns* das Heil zukommt: in der Einfalt des Empfangens, als unerzwingbares Geschenk der Liebe, die die Welt erlöst«[3]. Und schon ist die Frage, was denn das biologisch heißt, überspielt – mit metaphorischen Wendungen, die noch nachträglich an das, was sie überspielen, appellieren müssen, um gehaltvoll zu erscheinen. »Sie sind Deutung eines Ereignisses; nimmt man dies weg, so werden sie zu leerem Gerede, das man dann nicht nur als unernst, sondern auch als unehrlich bezeichnen müßte.«[4]

Geständniszwang des Theologen, dem es in der Haut des Jungfrauendogmas sichtlich unwohl ist? Wie auch immer – jedenfalls ist das begriffliche Taktieren und Lavieren, das die Jungfrauengeburt in wohldosierten Metaphernnebel hüllt, um sie als Faktum weiterhin zu behaupten, selbst schon von dem Unglauben angenagt, den es fernhalten will. Frau Ranke-Heinemann hat das nur offen ausgesprochen. Gebt es doch endlich zu, so lautet im Klartext ihre Botschaft ans kirchliche Lehramt, daß ihr die Jungfrauengeburt faktisch selber längst als Metapher behandelt. So ist es; aber zugeben können das die Herren in Rom und anderswo nicht, denn sie wissen: Wenn die Jungfrauengeburt Metapher ist, dann ist das ganze Heilswerk Christi Metapher, und das Dogma sinkt in sich zusammen. Wer also das Dogma in der modernen Welt aufrechterhalten will, ist zum Lavieren verdammt.

Frau Ranke-Heinemann hingegen will nicht lavieren – aber katho-

2 Joseph Ratzinger, *Einführung in das Christentum*, München 1968, S. 225.
3 A. a. O., S. 228.
4 Ebd.

lisch bleiben. Sie will das Heilswerk Christi als Faktum nehmen, aber nicht die Gestehungskosten dafür entrichten. Ihr Verdienst ist die Ehrlichkeit, mit der sie nicht mehr an die Jungfrauengeburt glaubt. Aber für die gedankliche Konsequenz, mit der die zentralen Lehrstücke der Alten Kirche aus dem »Gestorben für unsere Sünden« eins ums andere herausgesponnen sind, für die logische Stringenz, durch welche Sündlosigkeit, Jungfrauengeburt, vollständige Gottheit und vollständige Menschheit Christi zusammengeschlossen sind, zeigt sie kein Sensorium. Sie nimmt Anstoß an zwingenden Folgen eines Glaubenssatzes, gegen den sie nichts hat. Sie zerpflückt die absurden Blüten, die der Marienglaube im Laufe der Geschichte getrieben hat, ohne dessen Wurzeln auszugraben.

Das ergibt allenfalls halbe Aufklärung – zu der auch ein feministischer Blick gehört, der am Entscheidenden vorbeisieht; zwar genau erkennt, wieviel Patriarchales in der Stilisierung der Jungfrau zum Symbol der Reinheit steckt, aber nicht wahrhaben will, wie wenig die Menschwerdung Christi davon ausgenommen ist. Selbst als noch so reine Magd war Maria, von sündigen Eltern gezeugt, nicht schlechterdings sündlos. Folglich konnte sie einen sündlosen Sohn nur gebären, wenn sie dabei ihre eigene Sünde nicht auf ihn übertrug, wenn sie also bloß das äußere Gefäß eines Samens war, der die göttliche und menschliche Natur Christi bereits integral in sich vereinigte und nur noch ausgebrütet werden mußte. Im Dogma von Maria der Gottesgebärerin steckt daher implizit bereits die ganze aristotelische Zeugungstheorie, die explizit erst die Scholastik ins Christentum einführte: daß der männliche Same schon das ganze integrale Wesen des künftigen Menschen enthält und der weibliche Körper nur den Nährboden seiner Entwicklung bildet. Die Menschwerdung Gottes in Christus funktioniert einzig unter der patriarchalen Voraussetzung eines autarken gottmenschlichen Samens, der sich nur deshalb unbeeinträchtigt auszufalten vermochte, weil es Wesensbestimmung der Frau ist, bloß Brutkasten der Menschheit, »gleichsam ein zeugungsunfähiger Mann« (Aristoteles) zu sein.

Wo ist die feministische Theologie, die das zugibt? Statt dessen entwirft sie ein neues Marienbild, setzt an die Stelle der unterwürfig-geduldigen Schmerzensreichen die aufbegehrende, kämpferische Frau aus dem Volk und stört sich nicht im geringsten daran, daß das lediglich eine alternative Projektion ist: geboren aus den Wünschen der feministischen Bewegung statt aus der Logik des Dogmas, vielleicht sympathischer als ihr Gegenbild, aber keinen Deut aufgeklärter. Denn über die wirkliche historische Maria wissen wir so gut wie nichts.

Frau Ranke-Heinemann ist repräsentativ für einen bestimmten Typus von Theologiekritik – den einzigen, der heute noch die Gemüter bewegt, woran man sehen kann, wohin es mit Theologie *und* Kritik gekommen ist. Wie Herbert Haag die Existenz des Teufels bezweifelt und vorschlägt, ihn als von Menschen erfundene Personifikation des Bösen zu verstehen, während die Personifikation des Guten, Gott, selbstverständlich wirklich existiere; wie Hans Küng Gottessohnschaft, Präexistenz und Menschwerdung Christi als historisch überholte Ausdrücke für die selbstverständlich unüberholte Gnade Gottes ansieht; wie Leonardo Boff die Formulierungen des Credo für kulturell bedingte Manifestationen eines fraglos unbedingten Gottvertrauens erachtet – so verfährt Frau Ranke-Heinemann mit der Jungfrauengeburt. Die Methode ist jedesmal gleich: Unterteilung der dogmatischen Aussagen in diejenigen, die man noch für bare Münze nehmen kann, und diejenigen, die man besser metaphorisch nimmt. Das Kriterium dabei ist aber gerade nicht die innere Logik, die einst den Zusammenhang der Dogmen zu einem geistigen Gebilde ersten Ranges machte, sondern die Frage, womit moderne Menschen sich noch identifizieren mögen und womit nicht mehr. So kommen etwa das Heilshandeln Gottes und der Erlösungstod Christi ins Töpfchen der Fakten, die Jungfrauengeburt und der Teufel ins Kröpfchen der Metaphern. Ein höchst pragmatisches Verfahren. Nicht von ungefähr sehen die einen darin den Ausverkauf des Christentums, die anderen die einzige Möglichkeit seiner Erhaltung. Sind erst einzelne Dogmen als Metaphern zugestanden, so ist kein Halten mehr, sagen die einen. Nur wenn Jungfrauengeburt, Teufel u. ä. nicht länger als Fakten geschluckt werden müssen, sind die Menschen beim Glauben zu halten, sagen die anderen. Beide Positionen haben einiges für sich; beide offenbaren aber auch, worum es geht: keineswegs »Um nichts als die Wahrheit«, wie die Dokumentation »Deutsche Bischofskonferenz contra Hans Küng« seinerzeit vollmundig betitelt wurde[5], sondern um den besten Weg zur Selbsterhaltung der Kirche.

Der theologische Streit ist nicht nur von kirchlichem Belang. Er zeigt, wohin geistiger Widerstand heute generell tendiert. Einer theologischen Kritik, die das Dogma gern hätte ohne die unangenehmen Bedingungen seiner Möglichkeit, entspricht eine Gesellschaftskritik, die die bestehende Weltwirtschaftsordnung gern ohne ihre zwingenden Wirkungen hätte: ohne das beständige krisenbedrohte und -geschüttelte Wirtschaftswachstum, die Verelendung ganzer Erdteile, den systematischen Raubbau an den natürlichen Lebensgrundlagen. Das ist die politische Version halber Aufklärung. Der gutgemeinte Vorschlag, mit Wachstum und Luxusproduktion doch einfach aufzuhören, da wir ohnehin längst genug hätten; die Neigung, für die zunehmende Naturverseuchung die Technik verantwortlich zu machen statt der Wirtschaftsverfassung, die diese Technik hervorbrachte; die Tatsache, daß die rot-grüne Opposition auf Wahlerfolg nur hoffen kann, wenn sie *nicht* vom Kapitalismus spricht – dies alles ist typisch für die hiesige politische Landschaft. Radikales Denken, eines, das den Dingen an die Wurzel geht, ist durchgefallen; die öffentliche Diskussion lebt von seiner Antiquiertheit. Der Streit, ob die Gesellschaft noch modern oder schon postmodern sei, während die Produktionsverhältnisse beharrlich konstant bleiben, ist keineswegs belangvoller als der, ob die Jungfernhaut Mariae lebenslang unversehrt blieb. Vom Ausgang des letzteren hängt, wie sich zeigte, für die Entwicklung der Kirche immerhin einiges ab. Um den Ausgang des ersteren wird sich die gesellschaftliche Entwicklung nicht scheren.

Das katholische Dogmengebäude und die bestehende Weltwirtschaftsordnung sind einander ähnlicher, als beiden lieb sein dürfte. Letztere ist der global ausgedehnte Fetischismus der Ware, also selbst schon eine religiöse Veranstaltung; ersteres ist als Darstellung der göttlichen Heilsökonomie selbst schon mit einem gewissen Wirtschaftskalkül versetzt, das sich als unfehlbarer Instinkt für Ketzerei, im Aufspüren und Ausräumen der Störfaktoren in der Heilsökonomie,

5 Walter Jens (Hg.), *Um nichts als die Wahrheit – Deutsche Bischofskonferenz contra Hans Küng*, München 1974.

tausendfach historisch bewährt hat. Eine Tendenz zum Totalitären wohnt beiden inne. Wer an ihren Grundlagen nicht rüttelt, dem zwingen sie unbarmherzig ihre Konsequenzen auf: die Anerkennung der Jungfrauengeburt dem, der an den erlösenden Sühnetod Christi glaubt, die Bejahung des Welthungers dem, der an die ungetrübte Humanität der Freiheit des Marktes glaubt – nur daß die Verneinung eines Dogmas heute keinen mehr Kopf und Kragen kostet, während das Wirtschaftsgesetz Tausende Hungers sterben läßt, ohne sie nach Ja oder Nein je gefragt zu haben.

Dogma und Kapital haben sich, jedes auf seine Weise, zu Ganzheiten ausgewachsen, denen mit Halbheiten nicht beizukommen ist. Sie lassen sich die Rosinen nicht auspicken. Die humanen Errungenschaften, die in beiden stecken – die geistige Kultur des Christentums, der materielle Segen des Kapitalismus –, fielen erst einer Menschheit zu, die begriffen hat, daß sie als Ganzheiten Falschheiten sind. Seit statt vom Ganzen von neuer Unübersichtlichkeit die Rede ist, seit es als totalitär gilt, den Begriff Totalität zu verwenden und vergessen wurde, daß ohne Benennung der Totalität gegen deren totalitäre Wirkungen nichts auszurichten ist, seit man sich nicht mehr die Mühe macht, die erscheinenden Mißstände auf ihr gesellschaftliches Unwesen zurückzuführen, hat sich die politische Kritik selbst zahnlos gemacht und der neokonservativen Wende eigens Vorschub geleistet. Es ist zweifelhaft geworden, wer einen klareren Begriff von den Verhältnissen hat: diejenigen, die die destruktive Kraft des gesellschaftlichen Ganzen durch Ökologie oder die, die sie durch Wirtschaftswachstum hemmen wollen. Brechen wollen sie sie beide nicht.

Sich vom Alpdruck des Ganzen befreien, indem man nicht mehr davon spricht – das ist das vorherrschende gemeinsame Bedürfnis in politischer und theologischer Kritik. Aus ihm erklärt sich, warum Theologen, die wider den Stachel des Dogmas löcken, stets eine Welle öffentlicher Sympathie auslösen – quer durch verschiedene weltanschauliche Richtungen hindurch. Man muß heute offenbar mit dem Katholizismus nicht viel gemein haben, um sich mit der halben Aufklärung darin dennoch spontan verwandt zu fühlen. Wäre doch die halbe Aufklärung der Vorreiter der ganzen! Doch wie in politicis, so in theologicis. Es ist unsicher geworden, wer da aufgeklärter ist: Diejenigen, die geistige

Freiheit gegenüber der Starrheit des Dogmengeflechts fordern und damit vornehmlich Freiheit von dessen logischer Stringenz meinen? Oder diejenigen, die auf der Verbindlichkeit aller Dogmen beharren und gerade in ihrer Starrheit daran erinnern, daß sich der Geist nur frei bewegt, wo er konsequent seinen eigenen Gesetzmäßigkeiten folgt?

Ginge es wirklich »Um nichts als die Wahrheit«, so käme es erst gar nicht zu solcher Frontstellung; man hätte sich längst aufs Wesentliche besonnen. Wenn der Tod Christi als *das* Erlösungswerk für die Menschheit nur gedacht werden kann unter Bedingungen, die sich als physisch unmöglich und zudem als patriarchal erwiesen haben – nun, dann war er offenbar nicht das, wofür das Dogma ihn ausgibt. Dies Eingeständnis könnte den Blick dafür frei machen, daß der Tod des wirklichen historischen Jesus denn auch alles andere war als der willfährige, versöhnende Opfergang, zu dem man ihn stilisiert hat, um ihm das Skandalöse zu nehmen. Die wirkliche Kreuzigung Jesu, eine für politische und religiöse Aufrührer vorgesehene Todesart, war die brutale, aber legale Quittung für das Ärgernis seines Auftretens. Er hat, soweit sich rekonstruieren läßt, in Gleichnissen, Heilungen, Symbolhandlungen derart radikal und spektakulär darzustellen vermocht, was unverkürzte, allen Elends und aller Vergeltung ledige Versöhnung wäre, daß er die faktische Unversöhntheit und Ungöttlichkeit der Welt auf offenbar unerträgliche Weise hervortreten ließ und die Vergeltung des Gesetzes auf sich zog. Als die extreme Versinnbildlichung von Versöhnung mußte er deren extremes Gegenteil erdulden. So kam in Jesus zwar wirklich die Versöhnung, die nur ein Gott herstellen könnte, zum Vorschein – aber eben nur *als Vorschein*, und ob der ein bloßer Schein oder das Scheinen eines Wirklichen ist, steht nach wie vor dahin. Noch ist die Geschichte offen.

Wird das zugegeben, dann wird es kritisch mit der Theologie; aber erst dann kann auch kritische Theologie beginnen.[6] Sie muß keine

6 Marx' berühmte Bemerkung, daß »selbst der *kritische* Theologe *Theologe* bleibt« (*Ökonomisch-philosophische Manuskripte*, Marx-Engels-Werke, Erg.-Bd. 1, Berlin 1974, S. 468), richtet sich gegen einen Typus von Kritik, der »entweder von bestimmten Voraussetzungen der Philosophie als einer Autorität ausgehn muß oder« »sie feiger- und ungerechtfertigterweise verläßt, von ihnen *abstrahiert*, seine Knechtschaft unter dieselben und den Ärger über diese Knechtschaft nur mehr in negativer, bewußtloser und

Vorschein – das Scheinen eines Wirklichen

vgl. S. 133 Vorschein Versöhnungsspiele

Radikale Kritik von Metaphysik u. Geschichte

Sorge haben, überflüssig zu werden. Solange »Weh spricht: Vergeh!«[7], solange verlangt die Physis nach der Erlösung von allem Widerstreit, und die muß auch der menschliche Geist wollen, wenn er seinem logischen Grundgesetz, dem der Widerspruchsfreiheit, nur konsequent folgt. Versöhnung als universale Widerspruchsfreiheit – das erst wäre die vollständige Befriedung von Geist und Natur, jener göttliche Friede, den Menschen nicht herstellen können, aber denken müssen, wenn sie wenigstens an der Verwirklichung seines Abglanzes arbeiten wollen.

Die Theologie hat vom Frieden Gottes nie mehr gehabt als den Vorschein und den Begriff. Alles andere war ungedeckter Scheck. Den begann sie auszustellen, als sie den Tod Jesu, der wie nichts sonst das Scheinhafte der Erlösung verdeutlicht, zur Wirklichkeit der Erlösung umdeutete. Und dennoch: In der ungeheuren Passion des Denkens, mit der sie diesen Erlösungsglauben bis in die feinsten Verästelungen des Dogmengebildes ausbreitete, lebt die Radikalität, die den historischen Jesus umtrieb und ans Kreuz brachte, gerade fort – wenn auch in falscher Gestalt. Sie daraus zu befreien und auf den fortgeschrittensten Stand aufgeklärten Denkens zu heben, wäre an der Zeit – und eine geistige Leistung, die auch zu politischen Hoffnungen berechtigte.

sophistischer Weise kundtut« (ebd.) – und sich damit als nicht allzu entfernter Verwandter der halben theologischen Aufklärung von heute entpuppt: als ein Dogmatismus, der es nicht sein will. Man kann freilich auch kritischer Theologe sein und dabei verfahren wie Marx selbst, dessen unerbittliche Kritik der Theologie nie aufgehört hat, den theologischen Anspruch auf Erlösung unerbittlich ernst zu nehmen; vgl. Verf., ›Über die theologischen Wurzeln der Marxschen Kritik‹, in: G. Schweppenhäuser (Hg.), *Krise und Kritik*, Lüneburg ²1987.

7 F. Nietzsche, *Also sprach Zarathustra*, in: *Werke*, hg. v. K. Schlechta, Bd. III, München 1980, S. 558.

Antisemitismus

(Antijudaismus)
Das schlechte Gewissen der guten Christen

Im Markusevangelium, dem ältesten überlieferten, steht über die Kindheit Jesu nichts. Ein erwachsener »Jesus aus Nazareth in Galiläa« ist es, der da auftritt, »sich von Johannes im Jordan taufen« läßt, sich nach der Gefangennahme des Täufers nach Galiläa begibt und dort verkündet, »die Zeit sei erfüllt und das Reich Gottes nahe herbeigekommen« (Mk 1,9 ff.); sein rettender Eintritt stehe unmittelbar bevor.

Offenbar hat Jesus zum Kreis um Johannes den Täufer gehört, ehe er auf eigene Faust umherzog und öffentliches Aufsehen sowie die Phantasie seiner Zeitgenossen zu erregen begann. Eine Gefolgschaft schart sich um den Wanderprediger, auf die er tiefsten Eindruck macht, eine Erinnerung bildet sich, die seine Taten, Worte, Leidensgeschichte aufbewahrt und aufgeht wie ein Hefeteig, und doch vergehen an die vierzig Jahre, bis einer den weitererzählten, ausgeschmückten, überhöhten und höchst unzulänglich gesammelten Erinnerungswust in eine geordnete Schriftform zu bringen versucht und dabei unversehens eine neue literarische Gattung kreiert: das Evangelium. Es ist weder Biographie noch Augenzeugenbericht, sondern theologische Komposition – aber eine, die zugleich Geschichtsschreibung sein will: der zwiespältige Versuch, die Geschichte des besagten Jesus vor dem Versinken in Legende und Hörensagen zu bewahren und sie zugleich Punkt für Punkt auf seinen theologischen Ehrentitel abzustimmen: Christus. »Jesus Christus« ist ja nicht Vor- und Zuname wie Heinz Meier, Christus vielmehr die griechische Übersetzung des hebräischen Messias: der Gesalbte. So war einst König David, der Errichter des Großreichs Israel, genannt worden, und an seiner verklärten Gestalt hatte sich später die messianische Hoffnung entzündet: daß einst ein Nachfahre Davids kommen werde, der Israel von seiner Schmach und Ohnmacht erlösen und seinen alten davidischen Glanz wiederherstellen oder überbieten werde.

Jesus von Nazareth als Messias? Wie vermessen, das zu behaupten –

auch wenn er eine faszinierende Gestalt war, begabt mit theologischem Instinkt, Suggestivkraft und gewissen ärztlichen Fähigkeiten, ja selbst wenn er in Jerusalem eine Tempelaustreibung inszeniert haben mochte. Denn andererseits: Welche Lebensbilanz! Umgeben mit einem Anhang aus niederem Volk, ohne jeden politischen Einfluß, sogar ohne politische Ambition, nicht daran interessiert, das Reich Gottes, von dessen unmittelbarem Bevorstehen er überzeugt war, durch Kampf, soziale oder nationale Erhebung herbeizudrängen, lediglich darauf aus, es durch Gleichnisse und Zeichenhandlungen vorzubedeuten und herbeizubeschwören, schließlich gefangengenommen und hingerichtet, ohne daß das Beschworene auch nur einen Zentimeter der Wirklichkeit nähergerückt war.

Und dennoch: Wenn seine Anhänger, allesamt Juden, seine umwerfende Bedeutung für sie nicht anders als durch die Begriffe Auferstehung, Sohn Gottes oder Christus ausdrücken konnten, dann half alles nichts, dann mußte er derjenige sein, auf den sich die ganze messianische Hoffnung richtete: der Retter und Friedefürst der prophetischen Weissagungen, der Fluchtpunkt aller alttestamentlichen Verheißungen. »Groß wird die Herrschaft sein und des Friedens kein Ende auf dem Thron Davids« (Jes 9,7) – das mußte auf ihn gemünzt sein. »Ein Reis wird hervorgehen aus dem Stamm Isais (Davids Vater), und ein Zweig aus seiner Wurzel Frucht tragen« (Jes 11,1) – damit mußte er gemeint sein. Folglich mußte er »dem Fleisch nach dem Samen Davids entsprossen« sein, wie es eine urchristliche, von Paulus bereits übernommene Formel (Röm 1,3) denn auch unbefangen behauptet.

Wie aber die Davidsabstammung, ohne die er nicht Christus sein konnte, zusammenbringen mit den wenigen historischen Daten, die man über seine Herkunft hatte? »Ist dieser nicht der Zimmermann, der Sohn der Maria und der Bruder des Jakobus und Joses und Judas und Simon, und sind nicht seine Schwestern hier bei uns?« (Mk 6,3) fragen die Leute, als er nach Nazareth, »in seine Vaterstadt« (Mk 6,1) kommt. Nichts da von David und königlichem Geblüt. Und nichts deutet darauf hin, daß Jesu Vaterstadt *nicht* sein Geburtsort war, während der Prophet Micha es ausdrücklich anders vorgesehen hatte. Die Geburtsstadt des Messias sollte die Geburtsstadt Davids sein: Bethlehem – »aus dir soll mir der kommen, der in Israel Herr sei« (Mi 5,2).

Ohne den rechten Geburtsort kein Messias; denn ohne wenigstens diesen Legitimitätsausweis zu haben, war es denn doch zu ungeheuerlich, das altehrwürdige Konvolut heiliger Schriften von mosaischem Gesetz bis zu prophetischen Weissagungen, das seit Jahrhunderten den geistigen Zusammenhalt eines ganzen Volkes stiftete, kurzerhand auf einen Mann mit der Lebensbilanz eines Jesus von Nazareth zu beziehen und von ihm die Erfüllung dieser Schriften zu behaupten. Die Frage war also: Wie gelingt es, daß ein unleugbar im galiläischen Nazareth aufgewachsener Zimmermann dennoch im mehr als 100 km südlich gelegenen Bethlehem geboren wurde und David zum Ahnherrn hat? Über kurz oder lang mußte diese Frage zum Prüfstein für die Messianität Jesu werden. Und so sehen wir denn schon die nächste Evangelistengeneration, Matthäus und Lukas, intensiv mit Stammbaum und Kindheit Jesu beschäftigt, über die bis dato nichts bekannt war und die auch nicht interessierten, ehe man merkte, wie viel von der standesgemäßen Geburt für den Christusglauben abhing.

»Der Stammbaum Jesu Christi nach Matthäus ist ein künstliches literarisches Gebilde«, formuliert ein moderner Exeget. Will sagen: Die gerade Abstammungslinie, die da bis David und dann weiter bis Abraham zurückverfolgt wird, ist erfunden und erschlichen, so sehr sie auch mit dem Gestus nüchterner historischer Dokumentation daherkommt. Nicht minder künstlich gebildet sind die Umstände der Geburt Jesu (Mt 2). Geboren in Bethlehem in Judäa, gesucht von Magiern, die seinen Stern gesehen haben, als Rivale gefürchtet von Herodes, der zu seiner Beseitigung den Bethlehemer Kindermord veranstaltet; aber die Familie flieht rechtzeitig nach Ägypten, kehrt nach Herodes' Tod ins Land Israel zurück und läßt sich in Nazareth nieder. Historisch ist daran – vielleicht der Stern. Kepler hat für das Jahr 7 bis 6 vor unserer Zeitrechnung eine aufsehenerregende Konjunktion der Planeten Jupiter, Saturn und Mars errechnet, und ein Sinologe hat inzwischen alten chinesischen Zeittafeln entnommen, daß im Jahr 4 v. Chr. ein heller Stern erschienen und längere Zeit sichtbar gewesen sei. Historisch ist auch die Furcht des Herodes, durch seine eigene Dynastie gestürzt zu werden sowie sein Bemühen, dem durch gezielte Morde zuvorzukommen. Historisch ist aber schon nicht mehr der Bethlehemer Kindermord. Dennoch erklärt uns Matthäus gerade durch ihn, wie alles mit rechten Dingen zugegangen sei, wie der vorschriftsmäßig in Bethlehem geborene und durch göttliche Zeichen beglaubigte Christus hernach Jesus von Nazareth heißen konnte.

Und genau das erklärt uns auf seine Weise auch Lukas: mittels einer Volkszählung, die der Kaiser Augustus im ganzen römischen Reich angeordnet habe und die von jedem verlangte, sich an seinen Herkunftsort zu begeben. Eine solche allgemeine Volkszählung hat nie stattgefunden. Nachweisbar sind lediglich Steuererhebungen in einzelnen Provinzen, so auch zu der Zeit, »als Quirinius Statthalter in Syrien war« (Lk 2,2): etwa im Jahr 6 n. Chr. Die Steuerpflichtigen wurden hierbei in Listen erfaßt, nicht etwa »ein jeglicher in seine Stadt« (Lk 2,3) beordert. Das hätte entschieden mehr Durcheinander als Geld erbracht. Aber als literarischer Einfall ergibt es eine schöne Pointe: Augustus wird durch seinen allgewaltigen Befehl zum Erfüllungsgehilfen der alttestamentlichen Weissagung und sorgt dafür, daß Joseph, ein nach Nazareth versprengter Nachfahre Davids, rechtzeitig nach Bethlehem gerät. Der mächtigste Herrscher steht unerkannt im Dienst dessen, der in der hintersten Provinz in der Stallecke zur Welt kommt und in der Futterkrippe liegt.

Die Geburtsgeschichten bei Matthäus und Lukas stellen sich beide dieselbe peinliche Frage: Wie bringen wir Nazareth und Bethlehem, Zimmermann und Davidssproß zusammen? Jede der beiden Antworten ist eine Geschichte für sich. Weil sie sich aufeinander fast gar nicht beziehen, widersprechen sie einander auch kaum und ließen sich bestens zu *einer* Geschichte zusammenaddieren, in der zuerst Joseph mit der schwangeren Maria von Nazareth nach Bethlehem marschiert, daselbst das Kind zur Welt und in die Krippe kommt, dann die Hirten zu Zeugen dessen aufgerufen werden, dann die Magier erscheinen, dann die Familie nach Ägypten flieht und bei der Rückkehr nach Nazareth den Auszug Israels aus Ägypten en miniature nachvollzieht. Wenn nun noch eine Phantasie hinzutritt, die die Bethlehemer Krippe mit Ochs und Esel dekoriert, die himmlischen Heerscharen zu Putten und die Magier zu heiligen drei Königen macht, dann sind die Elemente jenes Weihnachtskitschs beisammen, der uns alle Jahre wieder mit neuheidnischer Gewalt ergreift oder abstößt – und den Blick für die in ihm enthaltene theologische Brisanz systematisch trübt.

Die Geburtsgeschichten, die sich da so harmonisch und bedeutungsvoll in Welt- und Heilsgeschichte einfügen, sind nämlich der Versuch, dem Judentum seine eigene Tradition wegzunehmen – es zu enteignen. Sie gehören zur Vorgeschichte des Antisemitismus. Nicht, daß die Juden nichts zu leiden gehabt hätten, solange es noch kein Christentum gab. Doch litten sie, weil sie ihre Feinde unterschätzt, die falsche Bündnispolitik betrieben hatten oder irgendwelchen Großmächten im Wege waren – aber nicht, weil sie Juden waren. Hingegen steckt in der Behauptung, daß ein gewisser Jesus von Nazareth der Christus sei, von vornherein ein antijüdischer Impuls, und in dem Maße, wie diese Behauptung zur Weltgeltung aufstieg, verfestigte sich auch nämlicher Impuls zu einer prinzipiellen Haltung. Die Juden? Das waren doch die, die ihren eigenen Messias verkannt, verhöhnt, zum Tode verurteilt hatten, obwohl nur ihnen die Voraussetzung dafür gegeben war, ihn zu erkennen: die heiligen Schriften, die ihn geistig vorbereiteten. Der Unglaube der Juden war nicht jener unwissende der Heiden, die keine Ahnung davon hatten, was ein Christus sei, bis christliche Missionare kamen und es ihnen auf ihre Weise erklärten. Es war vielmehr Unglaube wider besseres Wissen: Verhärtung, Verstocktheit. Sie waren dagegen, weil sie Juden waren – Antichristen aus Prinzip. Und dieses Prinzip, ein hochmütiges, unbelehrbares Nichterkennenwollen, Nichtglaubenwollen – war das nicht das Böse schlechthin?

So kann erst auf dem Boden des Christentums gefragt werden, aber so kann nur ein selbstvergessenes Christentum fragen, das ignoriert, daß die ersten Christen Juden waren und zunächst auch nur Juden Heiden beibringen konnten, was oder wer Christus sei. Das Christentum ist Wendung des Judentums gegen sich selbst. Eine höchst ambivalente Regung: Verneinung des Judentums aus jüdischem Geist, Ablehnung der heiligen jüdischen Schriften, die sich gerade diesen Schriften verdankt und sie für sich reklamiert: Verstehen könne man sie nur, wenn man in Jesus von Nazareth den Christus erkannt habe. Der, dessen Lebensbilanz ein Hohn auf die alttestamentlichen Schriften war, wird als ihr Schlüssel und Siegel präsentiert: als der einzig wahre Zugang zu ihnen und ihre Beglaubigung und Erfüllung obendrein. Die Anmaßung, die Beleidigung religiöser Gefühle, die für einen frommen Juden darin steckte und Paulus, ehe er Heidenapostel wurde, immerhin zur

Christenverfolgung aufstachelte, ist für ein etabliertes, zur Kulturmacht ausgebreitetes Christentum kaum noch nachzuempfinden. Wer aber von der Anmaßung nichts mehr spürt, dem bleibt auch die produktive geistige Kühnheit darin verborgen. »Die messianische Idee hat lange Zeit gebraucht, bis sie sich aus sehr verschiedenen Antrieben, die in der hebräischen Bibel noch ganz unverbunden und uneinheitlich nebeneinander stehen, im nachbiblischen jüdischen Schrifttum herausgebildet hat«, sagt der große Judaist Gershom Scholem. Sie geistert im vorchristlichen Judentum zwar in zahlreichen Andeutungen und Anspielungen umher, aber als eine unter mehreren. Noch ist der Gedanke der Rettung Israels nicht fest und systematisch an den des Messias geknüpft. Und nun geschieht das Merkwürdige, daß die messianische Idee gewissermaßen vorzeitig, noch ehe sie recht zur Reife gelangt ist, einen Schub bekommt, schlagartig zur Quintessenz der jüdischen Tradition wird und sich zugleich von ihr abspaltet – und zwar, indem sie sich gleichsam ans falsche Objekt hängt: an den ohnmächtigen, gekreuzigten Wanderprediger aus Nazareth, mit dem die Schmach Israels keineswegs endete, sondern in eine neue Dimension eintrat. Das Paradox ist: Weil er das falsche Objekt ist, offenbart er den Mangel der herkömmlichen messianischen Vorstellungen. Die Wiederherstellung des davidischen Glanzes, der Triumph über die Feinde Israels, deren demütige Wallfahrt zum Zion, ihre Beugung unters mosaische Gesetz – sollte eine solche Rettung Israels, erkauft mit Rache, Unterwerfung, Gewalt, den Namen Rettung wirklich verdienen? Wäre Rettung nicht erst, wo das Vergeltungsprinzip gebrochen, jede Art von Feindschaft abgetan und kein Seufzen der Kreatur mehr wäre? In den Seligpreisungen der Bergpredigt, dem Feindesliebegebot, dem Gleichnis vom verlorenen Sohn blitzt etwas von solch radikal und umfassend gedachter Rettung auf. Als das unendlich Ferne, nämlich strikt Jenseitige zur rettungsbedürftigen Welt, wird sie zugleich als derart »nahe herbeigekommen« geglaubt, als stehe sie schon auf der Schwelle und müsse nur noch zum Eintritt genötigt werden. Diese Berührung der Extreme, von äußerster Ferne und Nähe der Rettung, hat die historische Person Jesu mit einer unvergleichlichen Spannung aufgeladen. Sie ist das Faszinosum, das dazu einlud, ihn für den *Bringer* der Rettung zu halten, die er nur rückhaltlos zu Ende gedacht hatte und deren Radikalität dafür sorgte, daß sein Erdendasein in äußerstem Gegensatz zu ihr endete. Auch in diesem Sinn berühren sich in ihm die Extreme. Als das falsche Objekt der messianischen Idee war er zugleich ihre leibhaftige Richtigstellung. An ihm wuchs sie über sich selbst hinaus: zur Idee erfüllter Subjektivität, die sich menschliches Denken bis heute nicht aus dem Kopf schlagen kann, ohne sich selbst zu beschneiden. Erst als mit der Gesamtheit ihrer Lebensbedingungen versöhnte, also im messianischen Stande wären die Menschen im Vollsinn Subjekte. Jesus ist das welthistorische Streichholz dieses Gedankens. Nicht von ungefähr denkt sich die Urchristenheit ihren Herrn als auferstanden, d. h. als messianischen Platzhalter, dem baldigst »gleichgestaltet zu sein«, sie hofft, »damit er der Erstgeborene sei unter vielen Brüdern« (Röm 8,29).

Weil diese Erwartung ebenso trog wie die Naherwartung Jesu, ist der antijüdische Impuls im Christentum nie zur Ruhe gekommen. Wo waren denn die untrüglichen messianischen Insignien Jesu? Ist ein Messias, der die Wiederkunft nötig hat, um sich aller Welt als Messias zu offenbaren, nicht so gut wie einer, dessen Ankunft noch gar nicht stattgefunden hat? Solche Fragen nagten, auch wo sie gar nicht ausdrücklich gestellt wurden. Es sind jüdische Fragen ans Christentum – bis heute, gleichsam das schlechte jüdische Gewissen im Christentum, das es seiner Herkunft aus dem Judentum verdankt. Als gegen sich selbst gewendetes Judentum ist das Christentum freilich auch der permanente Betäubungsversuch dieses Gewissens. Je selbstsicherer das Christentum, je betäubter sein jüdisches Gewissen, desto geringer seine Abneigung gegen das Judentum – das ist die Faustregel, nach der fast zwei Jahrtausende christlich-jüdischer Geschichte verlaufen sind. Und zeitweise gab es durchaus Anlaß zur Selbstsicherheit. Wo dem messianischen Gedanken seine nationale, davidische Beschränktheit genommen und er zur Universalität geweitet, wo der Messias als Platzhalter der Versöhnung und Inbegriff erfüllter Subjektivität gedacht wurde, da kehrte das Christentum die Seite seiner geistigen Überlegenheit hervor. Und der Siegeszug der christlichen Mission schien sie auch äußerlich zu bestätigen. So sind die Juden im christlichen Abendland zur Zeit seines Aufstiegs vergleichsweise glimpflich behandelt worden. Ghettos, regelmäßige Pogrome, die katholische Inquisition der Juden, der lutherische Vorschlag, sie in Arbeitslager zu stecken, die literarische

Erfindung Ahasvers, des Juden, dem recht geschieht, daß er ewig unerlöst durch die Welt wandern muß, weil er den leidenden Christus von seiner Tür gewiesen hat – dies alles sind Phänomene des ausgehenden Mittelalters. Als das christliche Abendland zerfiel und der Verdacht um sich griff, daß es vielleicht gar nicht das untrügliche Unterpfand der Messianität Jesu gewesen war, da war es auch aus mit der geistigen Überlegenheit, da schmerzten die jüdischen Fragen wieder heftig, da schaute die Christenheit in den Juden ihre leibhaftigen Selbstzweifel an, da wurde sie gewaltsamer gegen die Juden denn je, weil ihr eigenes jüdisches Gewissen betäubungsbedürftiger denn je war.

Wo die Juden als unbelehrbare, unheilbare Antichristen aus Prinzip gelten und dafür büßen müssen, traut der christliche Glaube seiner eigenen geistigen Heilkraft nicht mehr über den Weg und läßt an ihnen die Wut über seine eigene Unglaubwürdigkeit aus. In solchen Exzessen ist er selbst schon Übergang zum modernen Antisemitismus, den es ohne Christentum nicht gegeben hätte und der doch kein eigentlich christlicher mehr ist: vielmehr ein zum antijüdischen Ressentiment entleertes, erstarrtes Christentum, desinteressiert an den christlichen Glaubensinhalten und daher skrupellos genug, die jüdischen zu ignorieren. Den jüdischen Geist reduziert es auf die Natur der jüdischen Rasse, den theologischen Einspruch gegen das Christentum auf angeborene Widersetzlichkeit und Zersetzungsmanie, die gewaltsame weltweite Zerstreuung der Juden verdreht es zur jüdischen Weltverschwörung. Wenn solcher Antisemitismus auf die Bibel zurückgreift, dann schöpft er nicht aus den Quellen seines Glaubens, sondern holt sich Munition. Es hat Aufsehen erregt, wie sehr Goebbels in seinen Tagebüchern christliche Motive kultiviert und seinen Judenhaß neutestamentlich begründet. Nur ist solcher Bibelglaube bloß das Alibi seiner selbst: Versatzstück einer gegen biblische Zusammenhänge zutiefst gleichgültigen Weltanschauung. Die These, im Neuen Testament habe angefangen, was in Ausschwitz endete, ist daher kaum weniger platt als ihr Gegenstück: bei Marx habe angefangen, was im Archipel Gulag endete. So hellt man Geschichte nicht auf, sondern bügelt sie glatt. Der antijüdische Impuls im Urchristentum war eben nicht ohne Ambivalenz, immer auch schlechtes Gewissen gegen die Juden, daher auch Skrupel, nicht nur Haß, auch Sympathie, nicht nur Überheblichkeit.

Paulus, der seine jüdischen Verwandten ohne Umschweife »verstockt« (Röm 11,7) nennt, empfindet darüber »unablässigen Schmerz«: »ich wünschte, als ein Verfluchter selber fern von Christus zu sein zum Besten meiner Brüder« (Röm 9,3). Er ist davon überzeugt, gerade als christlicher Apostel ihre Sache zu betreiben, die sie als die ihre noch nicht erkannt haben. Sein antijüdischer Impuls ist mit den jüdischen Intentionen auch solidarisch.

Solche Ambivalenz steckt selbst noch in den Geburtsgeschichten Jesu. Sie erschleichen seine Messianität, aber zeigen sich gerade dabei dem messianischen Gedanken verpflichtet und erfüllen ihn mit neuer Bedeutung. Sie veranstalten einen Übergriff auf jüdische Tradition – und stehen gerade dabei zu ihrer Herkunft aus ihr. In den finstersten Zeiten des Antisemitismus, als Deutsche Christen die Arisierung der Bibel betrieben, war es ein Akt der Solidarität mit den Juden, auf dem Alten Testament als einem unverzichtbaren Bestandteil der christlichen Lehre zu beharren.

Die sogenannte Weihnachtsgeschichte ist gehaltvoller und folgenreicher, als den meisten derer, die sie Heiligabend rezitieren, lieb sein dürfte. In ihrer scheinbaren Harmlosigkeit ist sie ein Konzentrat des messianischen Problems, und wer sie als solches begreift, dem steigt aus ihr die ganze unselige christlich-jüdische Geschichte auf, die Weihnachten gerade nicht auf dem Gedenkprogramm steht. Diese Geschichte ist nicht zuletzt deshalb so heillos verwickelt, weil der messianische Gedanke sich von keiner der beiden Konfessionen glatt vereinnahmen läßt. Er ist selbst so etwas wie ein ewiger Jude, der unerlöst durch die Welt geistert und sich nur durch deren vernünftige Einrichtung, die sie dem messianischen Stand so weit wie Menschen möglich annähert, annähernd befriedigen ließe.

Tod

Ob es in der Seele der einzelnen Menschen einen Todestrieb gibt, darüber streiten sich die Psychoanalytiker seit langem. Daß der bestehenden Gesellschaft als ganzer ein Todestrieb innewohnt, läßt sich durch historische Herleitung hingegen beweisen.

So albern Totenkult und Totenbeschwörung primitiver Völker dem aufgeklärten Zeitgenossen auch scheinen mögen, so gewiß er sie als Ausgeburt eines unentwickelten, magischen Bewußtseins entzaubern kann – ganz wird er den Spuk doch nicht los. Daß man den Verstorbenen Speise und Trank mit ins Grab gibt, um ihnen den Gang ins Totenreich zu erleichtern, daß man sie als Ahnen verehrt, die über das Geschick der Lebenden wachen, oder als Geister fürchtet, die sich an den Hinterbliebenen für angetane Schmach rächen – all das ist nicht ausschließlich Spinnerei, sondern hat einen Funken Berechtigung. Indem die Primitiven ihre Toten zu Geistern machen und in eine von der natürlichen Welt abgehobene Sphäre versetzen, der sie alle dämonischen oder göttlichen Mächte zurechnen, vollziehen sie eine erste Unterscheidung von Geist und Materie. Sie beginnen etwas zu ahnen, was kein aufgeklärtes Bewußtsein leugnen kann: daß der Menschengeist tatsächlich über bloße Natur hinausreicht. Was einer im Laufe seines Lebens an Einsichten gewinnt, ist mit seinem Tod nicht automatisch dahin. Geistige Errungenschaften gelten unabhängig von Ort und Zeit ihres Entstehens; sie sind allgemein. Wohl haben auch die Tiere an einem Allgemeinen teil: der jeweiligen Spezies, der sie als Exemplare angehören. Doch sie wissen nichts davon. Das Allgemeine ist ihnen verborgen; sie haben keinen Einfluß darauf. Der menschliche Geist dagegen ist allgemein und individuell zugleich. Die Individuen sind es, die ihm seine konkrete Gestalt geben; nur durch ihre Tätigkeit hindurch vollzieht sich seine Entfaltung. Was aus ihm wird, bestimmen sie. So sind die Menschen inniger als alle andern Lebewesen mit dem

Allgemeinen verbunden. Es ist ihnen nicht schlechthin fremd, sondern in den Individuen erzeugt und zu Haus. Und dennoch ist ihre Gemeinschaft mit dem Allgemeinen nicht unauflöslich, denn als Naturwesen sind sie vergänglich. So wird ihnen der Tod zum Skandal schlechthin. Daß der Körper stirbt, ist nicht schwer vorzustellen; man sieht ihn ja zerfallen. Der Tod des Geistes jedoch ist dem Geist unbegreiflich. So wenig er seine eigene Entstehung logisch herleiten kann – daran kranken alle Sündenfallgeschichten – so wenig kann er sein eigenes Nichtsein begrifflich fassen. Geist kann sich nur als seiend denken – aller Vergänglichkeit des Körpers zum Trotz. Davon zeugt jeder Totenkult. Wie primitiv und fragwürdig er auch sei: stets ehrt oder beschwört er eine geistartige Substanz als das Unvergängliche im Vergänglichen. Tiere haben keinen Kult, weil keinen Geist.

Was die Menschen über die bloße Natur hinaushebt, macht sie auch zu historischen Wesen. Es ist Geist, der sie befähigt, eigenständig Zwecke zu setzen und zu verwirklichen, die sie in der Natur selbst nicht vorfinden. Es ist Geist, der sie Werkzeuge erfinden und eine gesellschaftliche Organisation errichten läßt, die auf gesetztes Recht statt auf Naturgesetze gegründet ist. Es ist Geist, der den menschlichen Lebensprozeß über den bloßen Stoffwechsel hinaushebt und sich dagegen sträubt, daß Vegetieren und Verenden schon alles gewesen sein sollen. Und sobald die Kulturstufe erreicht ist, auf der nämlicher Geist anfängt, sich in seinen Erzeugnissen zu erkennen, sich als zwecksetzende und bestimmende Kraft wahrzunehmen, kann er sich mit den vielen Einzelzwecken, durch die er menschliches Überleben zu sichern sucht, nicht mehr begnügen. Sie sind ja selbst bloß Mittel zum Überleben – und ihrerseits zwecklos, wenn sie nicht auf einen Gesamtzweck hinauslaufen, der ihren Sinn ausmacht und den sich Geist nur als vollkommen durchgeistigte Natur denken kann: als einen Stoffwechsel, der alles, womit Geist hadert, überwunden hätte, nämlich Widerstreit, Inkonsistenz, Verfall, und insofern sinnlich manifestierte, was menschliche Vernunft kraft ihrer logischen Gesetzmäßigkeit von sich verlangt: das widerspruchsfreie Zusammenstimmen aller ihrer Elemente.

Diese Zweckstruktur hat niemand deutlicher und verletzlicher herausgearbeitet als die biblische Religion. Wer beim Auszug aus der ägyptischen Knechtschaft, unterwegs ins Reich der Freiheit, wo Milch und Honig fließt, auf halber Strecke stehenbleibt, den Tanz ums goldene Kalb beginnt und das gelobte Land vergißt, der vergottet das Animalische und verrät die wahre menschliche Bestimmung. Da kennt der Gott Israels kein Pardon. Doch auch der Tod kennt kein Pardon. Er trennt Diesseits und Jenseits. Selbst Mose durfte das gelobte Land nur von ferne schauen und mußte dann sterben, und das Land, das Israel darauf in Besitz nahm, war nicht wirklich das gelobte; es floß Blut dort, nicht Milch und Honig. Was sich erobern läßt, ist nicht die Seligkeit. Die entrückt sich vielmehr selbst und wird ein immer abstrakteres Jenseits – genau in dem Maße, wie die Entwicklung des menschlichen Abstraktionsvermögens voranschreitet. In Frühschichten des Alten Testaments noch naiv-materiell als Oase ungetrübten Naturgenusses vorgestellt, nimmt sie nach und nach immer mehr Idealität an, ohne jedoch ihr Natursubstrat preiszugeben. Im Christentum schließlich firmiert sie als Reich Gottes, das die Menschen nicht in anonyme Geister auflösen, sondern als Individuen retten soll: in ihren wiederhergestellten und verklärten Leibern. Daher das Beharren des Glaubensbekenntnisses auf der Auferstehung des Fleisches; anders ist die Erlösung der Menschen als unverwechselbarer Subjekte nicht vorstellbar. Die Erfüllung, nicht die Auflösung der Individualität verdient den Namen Erlösung.

Die so verstandene ewige Seligkeit ist zwar notgedrungen das Jenseits, aber nicht absolut. Christus hat, wie seine Gemeinde versichert, die Mauer des Todes durchstoßen. Durch das Loch, das er in sie gebrochen hat, scheint das Jenseitige bereits ins Diesseits. Wer an Christus als den Durchbrecher glaubt, hat trotz allem irdischen Elend schon am Glanz der Seligkeit teil und wird in ihren ungetrübten Genuß kommen, sobald er das Dunkel des Todes durchschritten hat. Und auf den Kredit dieser Gewißheit hat das Christentum eine ganze Gesellschaft gegründet, in der die Zweckstruktur des Geistes sich in Form einer Sozialstruktur abbildete. Die mittelalterliche Lehenspyramide, die im Papst, dem Stellvertreter Christi auf Erden, ihre Spitze hat, gilt als Gleichnis und Unterpfand der Weltordnung als ganzer, die in Gott ihre Spitze hat und in sein erlösendes Reich einmünden soll.

Mit dem Zusammenbruch der Feudalgesellschaft zerbricht auch das Unterpfand des himmlischen Lohns. Keine zweckgerichtete Sozialstruktur legt mehr nahe, daß der Tod nur Durchgang zu neuem Leben sei. Das schlägt unweigerlich auf die Zweckstruktur des Intellekts zurück. Ahnungen, die er bis anhin erfolgreich unterdrücken konnte, beginnen sich unüberhörbar zu regen. Wie, wenn es das ersehnte Jenseits gar nicht gibt? Dann ist der Tod Abbruch, weiter nichts. Und doch – das, was er abbricht, macht er zugleich einmalig, unwiederholbar, unauswechselbar und gibt ihm so die vornehmsten Prädikate der Individualität. Ist er also der Beweis für die Nichtigkeit des Individuums oder für dessen unendlichen, durch nichts zu ersetzenden Wert? Macht er die vernunftgemäße Bestimmung der Menschen, traditionell Seligkeit genannt, absurd, oder befreit er sie von der Absurdität, weil er verlangt, daß es hier schon mit ihr ernst wird, nicht erst in einem durch nichts verbürgten Jenseits?

Das Doppelgesicht, das der Tod in der Neuzeit annimmt, entspricht dem Doppelgesicht der Gesellschaft, die auf den Trümmern des Feudalismus erstand und sich in ihrer Grundstruktur bis heute erhalten hat. Sie beruht nicht auf göttlichem Ratschluß, sondern auf dem Vertragsschluß unabhängiger Rechtssubjekte, sie hat den menschlichen Wesenskräften einen unerhörten Schub gegeben und eine gewaltige Industrie hervorgebracht, die vom größten Teil des täglichen Schuftens befreien und eine solidarische Assoziation vielseitig entfalteter Individuen ermöglichen könnte. Wo Maschinen Sklavenarbeit übernehmen, erübrigen sich menschliche Sklaven und Büttel. Vieles von dem, was bis dato zum seligen Jenseits gehörte, wird realisierbar.

Warum es gleichwohl nicht realisiert wird, ist bekannt. Die Entfesselung der Industrie diente nicht der allgemeinen Erleichterung des menschlichen Lebens, sondern der Bereicherung weniger durch viele. Der Kern des modernen Gesellschaftsvertrags ist der Arbeitsvertrag, sein Prinzip die volle rechtliche Gleichheit der Vertragspartner bei voller materieller Ungleichheit. Die Minderheit hat durch Gewalt, Erbschaft oder Zufall aus der Konkursmasse der Feudalgesellschaft die gesellschaftlichen Produktionsmittel gewonnen, der Mehrheit fehlen die Mittel, ihr Leben zu reproduzieren. Die einen schließen den Arbeitsvertrag, um zu überleben, die anderen, um Gewinn aus ihm zu ziehen. Die einen verkaufen ihre Arbeitskraft, die anderen die Produkte, die ihnen diese Arbeitskraft beschert. So setzt sich eine riesige Warenproduktion und -zirkulation in Gang, die, einmal in Bewegung, von selbst nicht mehr anhalten kann und immer mehr Lebensbereiche in den Strudel von mehr Produktion und schnellerem Warenumlauf hineinzieht. Ihre Dynamik ähnelt die Menschen den Rädchen im Getriebe an und macht ihr Tun zum bloßen Mittel, eine gigantische Maschinerie in Gang zu halten, die einen unbändigen Trieb hat, weiterzulaufen, aber kein Ziel, auf das sie sich zubewegt. Ihr Bewegungsgesetz ist Leerlauf im wörtlichen Sinne: ein Laufen ins Leere, ein Treiben ins Nichts oder – ihr Todestrieb.

Es ist nicht eigentlich der Tod, den die moderne Gesellschaft verdrängt, sondern das Jenseits, das dem christlichen Abendland als der Fluchtpunkt allen irdischen Tuns und Treibens galt. Heute gilt verbindlich für alle – nur noch das Diesseits der warenproduzierenden Gesellschaft. Die Menschen nehmen es mehr und mehr als ihre Naturbestimmung, ihre Arbeitskraft zur Produktion von erhöhter Produktivität beizusteuern, ihr Leben in freier Berufswahl hinzugeben für die Erhaltung des allgemeinen Leerlaufs. Kein höherer Lohn winkt ihnen dafür; vielmehr erfüllt sich ihr Dasein, indem sie sich ganz aufbrauchen. Der Tod wird zum wahren Ziel des Lebens; er vollendet den Verschleiß der Individuen.

Die Gesellschaft nimmt sich des Todes gewissenhaft an – als eines ökonomischen Problems, das so professionell wie möglich zu lösen ist. Man kommt ins Krankenhaus, wenn es ans Sterben geht. Das Beerdigungsinstitut erledigt alle Formalitäten im Todesfall. Jeder hat Anspruch auf einen Dienstleistungsbetrieb, der seinen Tod so ordentlich und reibungslos wie möglich regelt. Noch sträuben sich die Menschen allerdings, den Tod nur von der ökonomischen Seite zu sehen. Jede Trauerfeier, was immer auf ihr auch gesprochen wird, zeigt, daß über dem Tod noch nicht vollends zur Tagesordnung übergegangen wird. Doch es wird immer schwerer, an einen höheren Zweck noch ernsthaft zu glauben. Je mehr der Gesellschaftsprozeß leer in sich kreist, desto mehr dichtet er sich gegen jeden Gedanken ab, der über ihn hinausweist. Soll man sich da die Bestimmung der Menschen zur Seligkeit als einen zwar in sich konsequenten, aber nutzlosen Gedanken nicht besser aus dem Kopf schlagen?

Wenigstens die Theologen werden geschlossen dagegen protestieren, sollte man meinen. Doch ist das, was ihre gegenwärtig tonangebenden Vertreter zu Gott, Tod und Auferstehung zu sagen haben, wirklich ein Protest? »Was es mit dem Tode letztlich auf sich hat«, schreibt Eberhard Jüngel, »das hat sich [...] im Tod Jesu Christi entschieden. Und was sich im Tod Jesu Christi entschieden hat, das wurde in der Auferweckung Jesu Christi von den Toten offenbar.«[1] Gemeint ist der Sieg Gottes über den Tod. Das klingt ganz traditionell, wie man es aus der Bibel kennt: Christus blieb nicht im Grab, heißt es da, sondern wurde auferweckt und in die überirdische Sphäre entrückt, wo er jetzt schon die göttliche Herrlichkeit genießt – als Statthalter der Menschheit, die von ihrem wahren Ziel noch getrennt ist. Von Gott wird erhofft, daß er diese Trennung bald aufhebt und seine Getreuen auch an der Seligkeit teilhaben läßt, zu der ihnen Christus schon die Bahn gebrochen hat. Den Menschen Erlösung von allem Elend und Widerstreit verheißen konnte Gott freilich nur, sofern er selbst als dessen striktes Gegenteil gedacht wurde: als höchste Vollkommenheit, worin Zerrissenheit, Widerspruch und Verfall keinen Platz haben. Doch davon will moderne Theologie gewöhnlich nichts wissen. Der Weltlauf macht so gar keine Anstalten, sich in dieser Richtung zu bewegen. Und immer schwieriger wird es, den aufgeklärten Zeitgenossen, die um die Allgemeingültigkeit der Naturgesetze und die unbegrenzte Ausdehnung des Kosmos wissen, den Ort plausibel zu machen, wo der auferstandene Christus angeblich bereits in Herrlichkeit residiert. So erfolgt die Flucht nach vorn. Da sich eine göttliche Sphäre jenseits der physischen Welt durch nichts beweisen läßt, beschließt die Theologie, von sich aus auf alles Metaphysische zu verzichten – aber sie will Theologie bleiben. Vom Gedanken Gottes als reinem Geist, will sagen absoluter Vernunft, soll man schleunigst Abschied nehmen – aber Gott soll Gott bleiben. Die Auferstehung Christi soll man sich nicht naiv als Wiederbelebung einer Leiche und deren Entrückung in eine andere Welt vorstellen – aber man soll unvermindert an sie glauben. Der Wortlaut der alten Begriffe wird volltönend weitergegeben; doch der rationale Gehalt oder die konkrete Vorstellung, mit denen sie erfüllt waren, sind als metaphysisches Gerümpel ausgeräumt worden.

1 E. Jüngel, *Tod*, Stuttgart 1971, S. 103f.

Was übrig bleibt, sind leere Hülsen. Je hohler ein Begriff, desto besser kann man mit ihm jonglieren und ihn zum Klingen bringen. Jüngel beherrscht das meisterhaft. Auf die Frage, ob die Auferstehung Jesu denn wirklich stattgefunden habe, antwortet er: »Realität und Wirklichkeit sind für die Auferstehung Jesu viel zu minderwertige Kategorien. Man kann sie im Blick auf dieses Ereignis jenseits aller Ereignisse nur in Anführungszeichen gebrauchen.«[2] Was denn ein »Ereignis jenseits aller Ereignisse« sein soll, ist völlig schleierhaft, aber die Formulierung klingt gut und tief. Das gibt ihr die Aura des Unantastbaren, worüber Rechenschaft zu fordern eine Anmaßung wäre. Auch nach dem Ort und der Wirkungsweise Gottes zu fragen, ist nicht schicklich. »Entscheidend ist [...] gar nicht, ob man nun ›von oben‹ oder ›von unten‹ oder ›von vorn‹ oder ›aus der Zukunft‹ oder ›von nebenan‹ sagt, wenn man vom Wirken Gottes redet. Entscheidend ist, daß man ›von Gott‹ sagt und meint, wenn man von Gottes Wirken redet. Gottes Wirken kommt von Gott.«[3] Der feierliche Klang der Tautologie ersetzt die begriffliche Klärung. Gott ist nicht länger an die Kette metaphysischer Bestimmungen gelegt und daher frei, neue, ihn zeitgemäßer dünkende Verbindungen einzugehen. Das zentrale Gottesprädikat der Gegenwart ist kein metaphysischer, sondern ein psychologischer Begriff: Identifikation. »Daß Gott sich mit dem toten Jesus *identifiziert* hat, ist der [...] Grund des Glaubens an Jesus.« »Denn indem Gott sich mit einem toten Menschen identifizierte, hat er sich dem Glauben allererst als der *wahre Gott* definiert.«[4] Wie ein Gott, der nichts Metaphysisches, aber eigentlich auch nichts Physisches sein soll, den Akt der Identifikation vollziehen kann, der, wie Freud gezeigt hat, gerade der seelische Ausdruck menschlicher Begrenztheit und Abhängigkeit ist[5], ist dem Theologen keine Erörterung wert. Gott wird's schon können; und was er alles kann, läßt staunen: »Wenn wir Gottes Verhalten zu dem toten Jesus als ein Sich-Identifizieren mit diesem Toten zu verstehen haben, dann ist damit allerdings gesagt, daß Gottes Leben mit einem Toten

2 A. a. O., S. 104.
3 A. a. O., S. 126f.
4 A. a. O., S. 137.
5 S. Freud, *Vorlesungen zur Einführung in die Psychoanalyse*, in: Studienausgabe, Bd. 1, Frankfurt/Main, 1969, S. 501 u. ö.

eins geworden ist – eine höchst paradoxe Identität.«[6] »Indem Gott sich mit dem toten Jesus identifizierte, setzte er sich der aggressiven Gottfremdheit des Todes wirklich aus.«[7]

Wie immer man es auch dreht und wendet: Eine Theologie, die Gott mit einem Toten eins werden läßt, liquidiert sich selbst. Bereits den Kirchenvätern war das sonnenklar. Mit gutem Grund verwarfen sie die These, im Kreuzestod Jesu habe nicht nur ein Mensch, sondern Gott selbst den Tod erlitten. Gott kann nicht wirklich in den Tod gehen, ohne sich selbst zu vernichten. Alles andere ist Augenwischerei. Wohlweislich unterschieden sie daher zwischen einer menschlichen und einer göttlichen Natur Christi. Nur die menschliche durfte den Tod erlitten haben, wenn nicht Gott selbst im Abgrund des Nichts verschwinden sollte. Jüngel öffnet diesen Abgrund: Gott und Tod werden eins. Nicht anders verfährt Jürgen Moltmann, der die Lehre von den zwei Naturen Christi ausdrücklich für überholt erklärt und seine Theologie ebenfalls auf das Elend und den Tod Gottes gründet: »Gott läßt sich verdrängen. Gott leidet, Gott läßt sich kreuzigen und wird gekreuzigt, und vollendet darin seine bedingungslose und hoffnungsvolle Liebe.«[8] Gott vollendet sich im Selbstmord.

Die Selbstvernichtung Gottes zum Sieg über den Tod umzumünzen, ist Jüngels besonderes Kunststück. »Der Tod wird nicht dadurch besiegt, daß man ihn hinter sich bringt und läßt.«[9] Vielmehr »im *Ertragen* dieser gegen ihn gerichteten Negation hat Gott dem Tode die Macht genommen... Der Mensch kann endlich leiden. Gott aber ist nicht etwa der, der gar nicht, sondern der, der *unendlich* leiden kann und um seiner *Liebe* willen unendlich leidet. *So* ist er Sieger über den Tod.«[10] Das nennt man ein X für ein U vormachen. Überwunden werden Leid und Tod nicht etwa durch ihre Abschaffung, sondern durch ihre Verewigung. Gott macht die Welt dicht. Alles, was über sie hinausweist, haben sich die Menschen als metaphysische Grille gefälligst aus dem Kopf zu schlagen. »[...] eine Unsterblichkeit der Seele gibt es

6 Jüngel, a. a. O., S. 137.
7 A. a. O., S. 138.
8 J. Moltmann, *Der gekreuzigte Gott*, München 1972, S. 235.
9 Jüngel, a. a. O., S. 141.
10 A. a. O., S. 142 f.

nicht«[11]. Was ihnen winkt, ist nicht die ewige Seligkeit, sondern die Verewigung ihrer Unseligkeit: »Das endliche Leben wird als endliches *verewigt* [...] Alle werden so, wie sie waren, in Gott versammelt sein.«[12] So, wie sie waren – also mit allem Blut, das an ihnen klebte, mit allen Gemeinheiten und Qualen, die sie verabreicht oder durchgemacht hatten. Welch eine göttliche Versammlung! In ihr aktualisiert sich noch einmal die gesamte Unheilsgeschichte der Menschheit und zieht sich in eine einzige Gegenwart zusammen: ein gigantisches Konzentrationslager. Gott ist seine Verherrlichung und Verewigung. Oder in Moltmanns Worten: »Nur wenn alles Unheil, die Gottverlassenheit, der absolute Tod, der unendliche Fluch der Verdammnis und das Versinken im Nichts in Gott selbst ist, ist die Gemeinschaft mit diesem Gott das ewige Heil, die unendliche Freude, die unzerstörbare Erwählung und das göttliche Leben.«[13] Gott und Satan sind eins. Erlösung und Hölle schießen zusammen.

Wo die metaphysische Tradition dazu dient, die Metaphysik zu zertrümmern, wo der Gottesbegriff dazu benutzt wird, den Gedanken eines göttlichen, erlösten Jenseits auszuradieren, da wütet der gesellschaftliche Todestrieb. Das ökonomische Gesetz, dem die Menschen gehorchen müssen, läßt auch ihre Psyche nicht ungeschoren. Die Verhältnisse, die sie selbst produziert haben und die ihnen nun unabänderlich erscheinen, lassen sich auf Dauer nur ertragen, wenn man sich irgendwie mit ihnen identifizieren kann. Verweisen sie von sich aus auf keinen höheren Zweck, der zur Identifikation einlädt und dem Leben Sinn gibt, so muß die Wirklichkeit, so, wie sie ist, als ihr eigener höherer Zweck herhalten. Der Gott, der sich angeblich unendlich mit dem Leid und Tod des Menschen identifiziert, ist bloß die Vergottung ihrer eigenen Identifikation mit Leid und Tod, ohne die sie es in der von ihnen in Gang gehaltenen Welt immer weniger aushalten. Was Freud den Todestrieb nannte[14], ist mitnichten ein von Natur aus in der menschlichen Seele verankerter Trieb, sondern der Niederschlag des

11 A. a. O., S. 152.
12 A. a. O., S. 152f.
13 J. Moltmann, a. a. O., S. 233.
14 Vgl. Freud, *Vorlesungen*, S. 540 u. ö.

Ökonomischen im Psychischen. Von sich aus drängt kein Organismus in den Tod, sondern nach Frieden. Naturgegeben ist allein der Drang nach Erlösung von Mangel und Schmerz. Nur durch gesellschaftliche Vermittlung kann er die Erscheinungsform der Todessehnsucht annehmen.

Die zitierten theologischen Kostproben sind der theoretische Ausdruck einer Haltung, die auch praktisch wird. Elisabeth Kübler-Ross ist bekannt geworden durch die Zuwendung, die sie Schwerkranken und Sterbenden erwiesen hat. Je mehr die Gesellschaft den Tod auf ein ökonomisch-technisches Problem reduziert, desto unwürdiger verfährt sie mit den Individuen. Für die Medizin ist der Todkranke ein Objekt technischer Behandlung; als mit dem Tod konfrontiertes Subjekt fällt er nicht in ihr Fachgebiet. Hier einzugreifen, die Menschen nicht allein zu lassen und mit ihnen über alles zu sprechen, was sie bewegt, ist ein Dienst der Humanität, zu dem nur wenige bereit sind. Frau Kübler-Ross hat sich ihm gewidmet – aufopferungsvoll und professionell. Die Erfahrungen ihrer langjährigen Tätigkeit hat sie systematisch geordnet und wissenschaftlich ausgewertet, selbstverständlich in der Absicht, den seelischen Beistand für Sterbende zu verbessern. So hat sie herausgefunden, daß ihre Patienten meist fünf Sterbephasen durchlaufen: Nichtwahrhabenwollen, Zorn, Verhandeln, Depression, Zustimmung. Wozu ist eine solche Einteilung gut? Die *Interviews mit Sterbenden*[15] hinterlassen da streckenweise noch Ungewißheit, denn sie geben nicht durchweg klar zu erkennen, ob das sanfte, verständnisvolle Eingehen auf die Kranken um seiner selbst willen oder aus anderen Motiven geschieht. Spätestens das nächste Buch[16] beseitigt allen Zweifel: Es geht einzig und allein darum, den Patienten möglichst schnell und reibungslos in die Phase der Zustimmung zu bringen und darin zu halten. »Ich glaube, die meisten unserer Kranken würden die Phase der Zustimmung erreichen, wären da nicht die Angehörigen des Krankenhauspersonals, vor allem die Ärzte, die den Tod eines Patienten nicht hinnehmen können [...] Das zweite und noch viel häufigere Problem liegt in der engeren Familie, die sich ›anklammert‹ und ›nicht aufgeben‹ kann [...]

15 E. Kübler-Ross, *Interviews mit Sterbenden*, Stuttgart 1969.
16 E. Kübler-Ross, *Was können wir noch tun?*, Gütersloh 1980.

Wenn wir [...] eine solche Diskrepanz der Phasen erkennen, müssen wir denen helfen, die ›hinterherhinken‹, das heißt dem Arzt oder der Ehefrau, damit sie dem Geschehen seinen Lauf lassen. Damit helfen wir mittelbar auch dem sterbenden Patienten, in der Phase der Zustimmung zu bleiben oder sie zu erreichen.«[17] Das gelingt natürlich nicht auf dem Hau-ruck-Weg, sondern nur durch den Einsatz feinster psychologischer Mittel. Daher eine empirische Forschung, die vor dem Sterbebett nicht verstummt, sondern bis zum letzten Atemzug fleißig alle Reaktionen und Gefühle katalogisiert; denn nur die besten Mittel sind für unsere lieben Sterbenden gerade gut genug. Was hier unter dem Titel Nächstenliebe veranstaltet wird, ist eine Therapie mit dem handfesten Lernziel, den Tod als Erfüllung anzunehmen. Je länger Frau Kübler-Ross mit Todkranken arbeitet, desto unverblümter setzt sich dieser Zweck durch. Inzwischen scheut sie sich nicht, empirische Untersuchungen wie folgende warm zu empfehlen: »Das Leben-bis-zum-Tod-Programm ist ein Forschungsprojekt, das in ein Dienstleistungsprogramm eingegliedert ist. Jeder Patient am Lutherischen Allgemeinen Krankenhaus erhält den Besuch eines Geistlichen, der darauf vorbereitet ist, dem Patienten wie seiner Familie verschiedene Amtshandlungen anzubieten: Beratung, Gebet und Sakramente.«[18] Darüber hinaus bietet er als Sonderleistung an, »sich mit den Gefühlen des Patienten bezüglich seiner schweren Krankheit zu beschäftigen«, und gibt ihm sogar »die Möglichkeit, anderen zu helfen«, indem »er seine Empfindungen durch die Beantwortung eines mündlich vorgetragenen Fragenkatalogs oder durch die Herstellung einer Tonband- oder Videoaufzeichnung mitteilt«.[19] »Die zentrale Forschungsmethode war die Analyse quantitativer Daten, die von Krankenhausgeistlichen über die Patienten erhoben wurden. Dazu wurden jeweils vier Interviews als Video- und Tonbandaufzeichnung mit Patienten über ihre hauptsächlichen Ängste und die Quellen ihrer Stärke gemacht. Diese Aufzeichnungen ermöglichten dem Projektleiter eine Bewertung der emotiona-

17 A. a. O., S. 41.
18 R. G. Carey, *Leben bis zum Tod*, in: E. Kübler-Ross (Hg.), *Reif werden zum Tode*, Gütersloh 1981, S. 70.
19 A. a. O., S. 71.

len Anpassung [...] Die hauptsächliche abhängige Variable in dieser Untersuchung war die Skala der emotionalen Anpassung (EA). Diese Skala sollte das Maß bestimmen, in dem ein todkranker Patient innerlich und äußerlich mit seiner begrenzten Lebenserwartung fertig werden konnte.«[20] Aus den gemessenen Daten lassen sich dann ausgezeichnete Tips dafür gewinnen, wie Angehörige, Ärzte, Geistliche, Schwestern oder Sozialarbeiter »dem Patienten bei der emotionalen Anpassung helfen«[21] können. Schon die Sprache verrät alles. Die humane Absicht, für den Sterbenden da zu sein, die man Frau Kübler-Ross persönlich nicht einfach absprechen kann, ist längst in den Dienst der Apparatur getreten. Die Lücke, die die Gesundheitstechnik hat offenlassen müssen, wird systematisch von einer Psychotechnik geschlossen, die ebenso sanft wie bestimmt ins Innerste der Menschen vordringt und auch noch von ihren letzten Regungen Besitz ergreift.

Wo die Ergebung in den Tod gesellschaftlich immer besser organisiert wird, gilt dem Widerstand um so größerer Respekt. Unter den Theologen hat sich vor allem Dorothee Sölle hervorgetan durch ihr Eintreten für Widerstandsgruppen in Der Dritten Welt und im Inland. Ihre Parole heißt: Wählt das Leben. »Das Leben wählen ist [...] die Fähigkeit, sich nicht abzufinden mit der selbstverständlichen Zerstörung von Leben, die uns umgibt, und mit dem selbstverständlichen Zynismus, der uns begleitet.«[22] Und so empört sie sich dagegen, wie der Gesellschaftsprozeß alltäglich die Menschen zurichtet: »Neuartige diffuse Neurosen treten massenhaft auf: Identitätskrisen, Antriebslosigkeit, Depressionen und tiefe Zweifel an sich selber sind nicht mehr Luxusprobleme der oberen Mittelschicht, sondern betreffen die Lehrlinge, die Studenten, die jungen Arbeitslosen.«[23] »Mitten im Leben leben wir nicht, mitten in den dauergeheizten Räumen nimmt die Kälte zu; ›alles tot‹ ist eine beliebte Antwort, die man von Jugendlichen hört, wenn man fragt, wie es da oder dort sei.«[24] Dieser Welt ist der Kampf

20 A. a. O., S. 72.
21 A. a. O., S. 77ff.
22 D. Sölle, *Wählt das Leben*, Stuttgart 1980, S. 15.
23 A. a. O., S. 17f.
24 A. a. O., S. 16.

angesagt, und Frau Sölle beginnt ihn, indem sie einstimmt »in das große Ja zum Leben [...] Wir neigen dazu, das Leben zu bejahen unter bestimmten Umständen, gegebenen Konditionen, zum Beispiel, wenn es jung, gesund, schön, leistungsstark ist. Das Ja, das im emphatischen biblischen Sinne gemeint ist, ist ein unbedingtes Ja, das etwa auch in Krankheit und Sterben gilt«.[25] Hier stutzt der Leser. Wie? Der Kampf gegen die elenden Lebensverhältnisse soll von der bedingungslosen Bejahung *allen* Lebens inklusive Elend und Tod ausgehen? Man soll bejahen, wogegen man kämpft? »Leben« erweist sich als höchst erklärungsbedürftiger Begriff. Was Sölle darunter versteht, erläutert sie an Christus. Er ist der Repräsentant des wahren Lebens. Das Leben wählen heißt Christus nachfolgen.

»Man mag zögern, den Kampf Jesu gegen die einheimische herrschende Klasse der Sadduzäer und gegen die imperialistische Unterdrückung durch Rom als ›Klassenkampf‹ zu bezeichnen, aber es ist kein Zweifel darüber möglich, auf welcher Seite er stand: auf der Seite der Armen, der religiös Ungebildeten und daher Verachteten wie die Frauen, bei den outcasts wie Huren und Zöllnern. Er rekrutierte Freunde im ländlichen Proletariat der Fischer. Das Ziel seines Kampfes, das Reich Gottes, war die Überwindung einer klassengeteilten Gesellschaft in eine, in der Brüderlichkeit und Schwesterlichkeit möglich sein werden.«[26] Auch wenn die Erwartungen ans Reich Gottes in Wirklichkeit weit über die Aufhebung der Klassengegensätze hinausgingen, so ist doch eines richtig: Wo immer der historische Jesus durch den theologischen Schleier der Evangelien hindurchschimmert, kommt eine Gestalt zum Vorschein, die mit messianischem Eifer und ohne jede Rückendeckung das absolute Heiligtum der Juden, das Gesetz, der Unheiligkeit überführte und dafür gekreuzigt wurde. Wer allen wohl und niemand übel will, wird nicht einfach hingerichtet. Von einem blassen Opferlamm hätte es schwerlich heißen können: »Christus ist das Ende des Gesetzes« (Röm 10,4). Der historische Jesus *war* ein Kämpfer. Doch wehe, der Kampf wird zum theologischen Schlüsselbegriff erhoben und Christus als Repräsentant des wahren Lebens gefeiert, *weil* er

25 A. a. O., S. 15.
26 A. a. O., S. 77.

der ideale Kämpfer war. Dann hört sich die Passionsgeschichte plötzlich so an: »Ich halte Jesus von Nazareth für den glücklichsten Menschen, der je gelebt hat [...] Sogar sein Tod wäre mißdeutet als das tragische Scheitern eines Glücklosen, [...] er hat den Satz ›ich bin das Leben‹ auch im Sterben nicht zurückgenommen [...] man kann eher sagen, daß sein Sterben eine letzte, endgültige Bestätigung seines Ich-Sagens, seines unerhörten Satzes ›ich bin das Leben‹ war [...] Von Christus ist zu lernen: Je glücklicher einer ist, um so leichter kann er loslassen. Seine Hände krampfen sich nicht um das ihm zugefallene Stück Leben. Da er die ganze Seligkeit sein nennt, ist er nicht aufs Festhalten erpicht. Seine Hände können sich öffnen.«[27] Die Vergottung des Todes, die Jüngel erst nachträglich durch Gottes Identifikation mit dem Toten stattfinden läßt, verlegt Sölle an den Kreuzesstamm selbst. Der Foltertod ist schon die Erfüllung des wahren Lebens, in ihm vollendet sich bereits das Kampfesglück Jesu; er wird ganz er selbst. Christ ist folglich, wer an diesem Kampf teilnimmt. »Der Ruf, sein Kreuz auf sich zu nehmen, ist der Ruf, sich dem Kampf anzuschließen. Ergreif Partei, brich die Neutralität, stell dich auf die Seite der Verdammten dieser Erde.«[28] Wer bereit ist, aus dem faden, etablierten Mittelstandsleben auszubrechen und mit den Armen zu kämpfen, dem werden Erfahrungen versprochen, von denen sich das abgestumpfte Gefühlsleben des durchschnittlichen Zeitgenossen nichts träumen läßt. »Jesus sagt: ›Ich und der Vater sind eins‹ (Joh 10,30). Wir sollten aufhören, diese Worte in einem exklusiven christologischen Sinn zu hören. Sie sprechen über die tiefe Stärke, die uns im Kampf zufällt, die Erfahrung des Ganzseins und die Wiedervereinigung mit der Menschheit und ihren realen Hoffnungen.«[29] Die Erfahrung des Ganzseins als die Erfahrung Gottes, das wahre Gotteserlebnis als das Kampferlebnis – wie? War es nicht genau das, was auch die arme arische Volksgemeinschaft gegen alle Zersetzungen und Bedrohungen einst so erfolgreich zusammenschweißte und jeden ihrer Kämpfer die Zugehörigkeit zum Ganzen des Volkskörpers zutiefst

27 D. Sölle, *Phantasie und Gehorsam*, Stuttgart 1968, S. 63ff.
28 D. Sölle, *Wählt das Leben*, S. 77.
29 A. a. O., S. 85.

empfinden ließ, so tief, daß heute noch die Kriegsveteranentreffen davon widerhallen? Sölle zeigt nicht, daß sie sich dessen bewußt wäre. Vielmehr: Wer vom Kampf erfüllt ist, bedarf der Einlösung des Kampf*ziels* zur Seligkeit nicht mehr. »Es ist uns keine andere Transzendenz versprochen als die, die sich im Kreuz ereignet [...] Es ist am Kreuz, in der Mitte des Kampfes, wo wir das Licht erfahren und frei von unseren Ängsten werden [...] dort am Kreuz [...] empfangen wir die Perspektive für unser Leben.«[30] So werden Kreuz und Auferstehung identisch. »Ich glaube, das stärkste Zeichen des neuen Lebens ist die Solidarität. Wo Solidarität geschieht, da ist Auferstehung.«[31] Basisgruppen, die sich mit den Armen identifizieren und das Elend mit ihnen teilen, bekommen so das Ansehen von »Inseln der Auferstehung«[32]. Die gemeinsame Erfahrung von Not und Mangel als das selige Leben, das zusammenschweißende Kampferlebnis als das ganze Glück, der solidarisch ertragene Untergang als die Erlösung: so drehen sich einer Theologie, die sich ehrlich gegen den Todestrieb der Gesellschaft empört, die guten Absichten gleichsam im Munde um – offenbar ohne daß sie es merkt.

Die theologischen Differenzen zwischen Sölle, Moltmann und Jüngel gewinnen den Charakter von akademischen Fachsimpeleien angesichts der schlagenden Übereinstimmung im Wesentlichen: der Vergottung des Todes. Bleibt der Theologie nichts anderes übrig? Muß sie den Leerlauf des gesellschaftlichen Ganzen kopieren, indem sie wechselweise Gott und Tod ineinander übergehen läßt und so ihre Selbstabschaffung zu ihrer Dauerbeschäftigung macht? Freilich, die Aufklärung hat ihr eine harte Nuß zu knacken gegeben und sie zu dem Eingeständnis gezwungen, daß es ein räumliches Jenseits, eine Übernatur, wo die Naturgesetze rückgängig gemacht und die Seligen in verklärten Leibern wandeln werden, nicht gibt. Der Tod ist als die unerbittliche Grenze des Lebens zur Kenntnis zu nehmen. Was danach kommt, weiß keiner. Doch zur Kenntnis nehmen heißt nicht bejahen. Auf diese Differenz kommt es an. Wer den Tod bejaht, verzich-

30 A. a. O., S. 85 f.
31 A. a. O., S. 124.
32 A. a. O., S. 127.

tet nicht nur aufs Jenseits, sondern kapituliert auch vor dem Diesseits. Er ist Positivist.

In der Kritik des Positivismus schwingt unhintertreiblich der Gedanke des Jenseits mit. Falsch ist das räumliche Jenseits – sei es das des gelobten Landes oder das übernatürlicher Himmelssphären. Wahr ist hingegen, daß der menschliche Geist, dieser merkwürdige Wurmfortsatz der Natur, selbst etwas Jenseitiges hat. Seine Zweckstruktur nötigt ihm den Gedanken der von allem Widerstreit geheilten, durch Geist versöhnten Natur als den Fluchtpunkt aller vernünftigen Anstrengungen auf. Inbegriff dieser Versöhnung ist der Gedanke Gottes. Er schießt über die physische Welt hinaus. Die Menschen können ihn nicht einholen; sie können sich nicht selbst erlösen. Doch vom Überschuß des Denkens über alles Handeln lebt die Humanität. Menschenwürde ist eine leere Floskel, solange sie nicht als der realisierbare Abglanz der Seligkeit begriffen wird. Sie ist das Höchste, was Menschen praktizieren können, aber sie mißt sich an Höherem. Der Versuch, Erlösung eigens herzustellen, produziert regelmäßig Terror. Aber der Verzicht auf ihren Gedanken ist der Verzicht, menschenwürdige Zustände zu schaffen.

Menschenwürdig zu nennen wäre erst eine Gesellschaft, die jedem gestattet, würdig zu sterben: gesättigt vom Genuß des Lebens, im Kreise der Liebenden, ohne um die Zukunft der Nachkommen und der Menschheit bangen zu müssen. Wer so sein Leben in den Gattungsprozeß gebettet wüßte, dem könnte der Abschied leicht werden. Doch auch dann wäre der Tod Abbruch, nicht Vollendung, wie er auch Abbruch bleibt, wenn er quälendes Leiden abbricht, obwohl er dann wie erlösend über die Menschen kommt. Auch wenn einem Sterbenden und seinen Angehörigen vergönnt ist, im vollen Bewußtsein des nahen Todes beglückende Stunden zu verbringen, so ist nicht das Sterben das Beglükkende daran, sondern das, was ihm abgerungen wurde. Gewiß, wenn das Nahen des Todes die Menschen so zusammenschließt, wie nur die Seligkeit es könnte, wenn der Tod durch sein Kommen selbst entzünden hilft, was er im Begriff ist, auszulöschen, wenn er sich so ein Stück weit um das betrügen läßt, was er verhindert, so kann sogar er tröstliche Züge annehmen. Doch stets bleibt er das Negative, das die Menschen nicht heimführt, sondern ihren Geist bricht. Verdrehen sie das

Negative ins Positive, geben sie dem Tod die Weihe der Erfüllung, so bricht sich der Geist schon zu Lebzeiten selbst. Die Euphorie, die er dabei bisweilen zur Schau trägt, ist nur die Maske der tiefen Resignation vor dem tödlichen Sog, den die Gesellschaft auf ihn ausübt.

Leben

Wer die Öffentlichkeit davon überzeugen will, daß Atombomben nicht nur abschreckend, sondern auch mörderisch sind, daß die Zerstörung von Wäldern und Gewässern nicht nur unwirtschaftlich, sondern auch unmoralisch ist, Schwangerschaftsabbruch nie das kleinere Übel, sondern stets verwerflich – der braucht einen durchschlagenden ethischen Grundsatz. Ebenso einfach wie umfassend, ebenso klar wie tief muß er sein, wenn er jedem einleuchten soll. Die Suche nach einem solchen hat unversehens eine Art Einheitsfront im Ethisch-Grundsätzlichen entstehen lassen, in die sich täglich neue Kämpfer einreihen. Bei Öko- und Theologen, Friedensfreunden innerhalb und außerhalb der NATO, von Lafontaine bis Geißler, von Sölle bis Wojtila wird einmütig dieselbe ethische Maxime reklamiert: Ehrfurcht vor dem Leben.

Ihr Erfinder ist der Inbegriff dessen, was man moralisch glaubwürdig nennt: der berühmte Albert Schweitzer, hochgebildeter Theologe, Philosoph und Musiker, der auf die glanzvolle akademische Karriere verzichtete, die ihm winkte, sich vielmehr nochmals auf die Schulbank setzte und Medizin studierte, weil er den Afrikanern mit ärztlicher Hilfe ein wenig Wiedergutmachung für das leisten wollte, was Weiße ihnen unter der Überschrift Christentum oder Kultur angetan hatten, der aber auch als Urwaldarzt seine musikalische, wissenschaftliche und ermahnende Tätigkeit nicht aufgab, sich unablässig gegen Aufrüstung und Krieg aussprach und als vorbildlicher Künder und Spender der sogenannten reinen Menschlichkeit jenseits aller politischen Ideologie schließlich gar nicht umhin konnte, mit dem Friedensnobelpreis ausgezeichnet zu werden.

»Durch die Ethik der Ehrfurcht vor dem Leben gelangen wir in ein geistiges Verhältnis zum Universum« und empfangen »die Fähigkeit, eine geistige, ethische Kultur zu schaffen, durch die wir in einer höheren Weise als der bisherigen in der Welt daheim sind und in ihr wirken.

Durch die Ethik der Ehrfurcht vor dem Leben werden wir andere Menschen«.[1] Was ist's, das diese Botschaft heute in den unterschiedlichsten Ohren wie Musik klingen läßt? War ihr Ausgangspunkt doch eine eher nüchterne Feststellung: »Ich bin Leben, das leben will, inmitten von Leben, das leben will.«[2] Das ist zunächst nichts als die Umschreibung des unreglementierten Naturzustands, des Kampfs aller gegen alle: Weil alle Kreatur leben will, muß jede um ihr Leben kämpfen. Schweitzer jedoch will das Gegenteil damit ausdrücken: die Pflicht des Menschen, »allem Willen zum Leben die gleiche Ehrfurcht vor dem Leben entgegenzubringen«[3]. »Ethisch ist er nur, wenn ihm das Leben als solches heilig ist, das der Menschen und das aller Kreatur.«[4]

Wie? Der Regenwurm, die Stechfliege, die Tuberkel sind ebenso heilig wie der Mensch? Das ist in der Tat die Konsequenz, und wohin sie führt, ist Schweitzer keineswegs ganz verborgen geblieben: Wir alle sind »dem rätselhaften und grausigen Schicksal unterworfen, in die Lage zu kommen, unser Leben nur auf Kosten andern Lebens erhalten zu können und durch Schädigen, ja auch durch Vernichtung von Leben, fort und fort schuldig zu werden«[5]. »Du gehst auf einem Waldpfad; die Sonne scheint in hellen Flecken durch die Wipfel hindurch; die Vögel singen; tausend Insekten summen froh in der Luft. Aber dein Weg, ohne daß du etwas dafür kannst, ist Tod. Da quält sich eine Ameise, die du zertreten, dort ein Käferchen, das du zerquetscht, dort windet sich ein Wurm, über den dein Fuß gegangen.«[6]

Die Ehrfurcht vor dem Leben lehnt sich dagegen auf. »Als ethische Wesen versuchen wir fort und fort, dieser Notwendigkeit, soweit es uns möglich ist, zu entrinnen. Wir dürsten danach, Humanität bewahren zu dürfen und Erlösung von Leiden bringen zu können.«[7] Einzig dem Menschen ist solcher Durst beschieden. »Er darf zur Erkenntnis der Ehrfurcht vor dem Leben gelangen« und »aus der Unwissenheit heraus-

1 Albert Schweitzer, *Die Ehrfurcht vor dem Leben*, München ^{3}1982, S. 21.
2 Ebd.
3 Ebd.
4 A. a. O., S. 22.
5 Ebd.
6 A. a. O., S. 35.
7 A. a. O., S. 22.

treten, in der die übrige Kreatur schmachtet.«[8] »Die in dem denkend gewordenen Willen zum Leben entstehende Ehrfurcht vor dem Leben enthält also Lebensbejahung und Ethik miteinander und ineinander.«[9] Und spätestens an dieser Stelle haben Schweitzers so wunderbar einfach und anschaulich formulierte Gedanken sich miteinander und ineinander verheddert. Die Ethik soll von dem »grausigen Schicksal« befreien, sich »nur auf Kosten andern Lebens erhalten zu können«, indem sie ausgerechnet *das* Leben bejaht, das unter eben diesem Schicksal steht? Sie soll Ehrfurcht vor *dem* Leben einflößen, gegen dessen Grausamkeit sie sich wehrt?

Nichts ist konkreter als das Leben, und nichts abstrakter als sein allgemeiner Begriff. Solange er nicht präzisiert wird, bedeutet auch Lebensbejahung alles mögliche. Ausgiebiger Genuß von Wein, Weib und Gesang fällt ebenso darunter wie aufopferungsvoller Krankenhausdienst. Beide sind übrigens auch Lebensverneinung: Die Alkoholika greifen die Leber an, die Nachtwachen den Kreislauf. »Hingebung an Leben«[10] heißt überhaupt nichts, solange man nicht weiß, an was für eines, und genau das will Schweitzer nicht sagen. »Leben als solches« soll heilig sein. Das klingt wie äußerste Radikalisierung der Ethik, ist aber ihre Liquidierung. Wo alles heilig ist, ist nichts mehr heilig, und die ethische Maxime schlägt auf ihren Urheber zurück. Wer nach Lambarene fährt, um systematisch Krankheitserreger zu töten, kann es mit der Ehrfurcht vor *allem* Leben so ernst nicht gemeint haben.

Der Hauptfeind dieser Ethik ist nicht die Unachtsamkeit, mit der auch der Achtsamste mal einen Käfer oder Wurm zertritt; ihr wahrer Feind ist sie selbst. Sie ist Anstifter zum vorsätzlichen Massenmord an Schlafkrankheitskörperchen, Pockenviren, Krebszellen etc. – und streicht sich damit selbst durch. Ebenso wie die Rettung eines jeden Menschen verlangt sie, keinem einzigen Bazillus zu Leibe zu rücken, kein Fleisch zu essen, nicht einmal Vegetarier zu sein – und verunmöglicht so, was sie fordert. Ihre Befolgung wäre eine Art Quadratur des Kreises, die selbst ihr Erfinder nicht ernstlich versuchte. Auch

8 A. a. O., S. 34.
9 A. a. O., S. 22.
10 A. a. O., S. 38.

für ihn war das zu rettende Leben in erster Linie das menschliche. Schweitzers humane Leistungen sind die vorbildliche Denunziation seiner Ethik.

Leben an sich, ohne jede weitere Bestimmung, ist das, was die Menschen mit allen Tieren und Pflanzen gemeinsam haben: Stoffwechsel, bewußtloses Vegetieren. Das Leben und Weben der Natur ist ein ständiges Entstehen und Vergehen, Erzeugen und Vernichten, ein Prozeß, der sich blind über die Leichen all dessen fortwälzt, was er hervorgebracht hat. Mutter Natur ernährt ihre Kinder genauso ungerührt, wie sie sie frißt. Trauern darüber kann nur, wer mehr ist als blinde Natur: der Mensch, dem vor dieser Blindheit graut, weil er sie erkennt. Sobald einmal Geist in der Welt ist, ist ein Unterschied zwischen gutem und bösem Leben gesetzt, der die tränenlose Gleich-Gültigkeit allen Lebens nicht länger gelten läßt. Geist ist über die Bewußtlosigkeit hinausgewachsenes Leben. In ihm steckt die Möglichkeit, das blinde Grauen von der Natur zu nehmen, ihr Frieden zu geben, den sie sich selbst zu verschaffen nicht in der Lage ist. Die Versöhnung der Natur ist eine *Idee*; sie kommt nirgends vor als im menschlichen Geist. Nicht von ungefähr hat sie sich einst in der Vorstellung eines Gartens ausgedrückt. Im Garten Eden ist die Natur ganz sie selbst – durch etwas anderes als sie selbst: den sie in Einklang setzenden, sie beim Namen nennenden, sie verklärenden Geist.

Auf die Versöhnung der Natur hinarbeiten kann der Geist freilich nur, sofern er seine qualitative Differenz zur Natur zur Geltung bringt. Als dies qualitativ Andere jedoch ist er ohnmächtig geblieben, wieviel Macht ihm im Lauf seiner Entwicklung auch zuwuchs. Seit seinen historischen Anfängen, seit er sich in der Organisation einer menschlichen Gesellschaft objektiviert und von bloßer Natur abhebt, ist er auch die Fortsetzung des Naturprozesses mit andern Mitteln, obwohl er, wie er in Sternstunden immer wieder gezeigt hat, das Zeug hat, mehr zu sein. Seine Karriere, aufs Ganze der bisherigen Menschheit gerechnet, gleicht der eines verkommenen Talents. Die Kultivierung der Natur ging einher mit ihrer brutalen Unterwerfung, und die Geisteskraft, die beides bis zur Ununterscheidbarkeit zu vereinen wußte, ist ebenso hoch entwickelt wie animalisch geblieben. Als naturbeherrschende ist sie auch Wurmfortsatz der Natur. Durch Unterjochung der Kreatur hat die Menschheit nicht aufgehört, die sich selbst unterjochende Kreatur zu sein. Nicht, daß das Joch gleichmäßig verteilt wäre. Immer noch gibt es Zahllose, die es bis zur Unerträglichkeit niederdrückt und wenige, die davon profitieren. Aber selbst die Manager der internationalen Wirtschaft und Politik sind hochdotierte Büttel in der Welt, in der sie befehlen – und gehorchen ökonomischen Gesetzen, die als Auf- und Abschwung, als Wohlstand, Arbeitslosigkeit, Hunger und Krieg wie Naturgesetze über alles Lebendige hinweggehen.

Der Sieg des menschlichen Geistes über die Natur ist ein Sieg der Natur im Geist. Die Vernunft hat sich durchgesetzt auf dem Erdball, aber in unvernünftiger Form, und ein Gipfel der Unvernunft ist die Folgerung, die Welt kranke im Grunde daran, daß zu viel Vernunft in ihr sei. Es war von jeher zu wenig: eine, der es an Gefühl für die vernunftlose Kreatur mangelte, weil sie ihr allzusehr glich. Dagegen hilft freilich nur Vernunft, nämlich Mobilisierung ihres brachliegenden Talents – und nicht der Vorschlag, es durch Rückkehr zur Naturehrfurcht endgültig verkommen zu lassen. Da ruft man nach Abkehr von Anthropomorphismus, als sei die erbarmungslose Unterwerfung der Tierwelt je mit übermäßiger Achtung der Menschenwürde verknüpft gewesen. Da fordert man intakte Naturkreisläufe, als könne diese Intaktheit etwas anderes sein als der von jedem Bewußtsein unbehelligte Ablauf des Naturprozesses, den aus seinem blinden, gnadenlosen Takt zu bringen gerade die Humanität des Geistes ausmacht.

Daß die Menschen ständig in die Natur eingreifen und zwischen besserem und schlechterem Leben unterscheiden, ist für ihr eigenes Leben unumgänglich und an sich noch nichts Schlimmes; anders ist Humanisierung der Natur nicht möglich. Sie verlangt strikte Unversöhnlichkeit gegen das Leben, das mit der Idee der Versöhnung der Natur auf keine Weise in Einklang zu bringen ist. Bestimmte Bazillen und Viren müssen ausgerottet werden, solange ihr Leben darin besteht, das der Menschen zu bedrohen. Es gibt lebensunwertes Leben – auch wenn dieser Begriff für immer gebrandmarkt ist durch die Perfidie, mit der die Nazis ihn einsetzten: statt zur Humanisierung der Natur zur Vertierung der Menschen.

Der Zwiespalt, daß Menschen nicht nur um der Selbsterhaltung, sondern sogar um der Versöhnung willen Leben vernichten müssen, ist nicht wiederum durch Menschen aufhebbar. Der menschliche Geist findet sich stets schon unter Naturgesetzen vor, die er nicht geschaffen hat. Er lebt nicht im Garten Eden. Er kann nichts daran ändern, daß Stechfliegen stechen und Tuberkeln Lungen ruinieren, sowenig wie er den Leib, dem er angehört, von der Vergänglichkeit zu befreien vermag. Nur ein göttliches Subjekt könnte die Natur so umschaffen, daß sie mit Geist ganz übereinkäme. Der biblische Gedanke der Neuschöpfung der Welt aus einer sündigen in eine erlöste ist daher die zu Ende gedachte Humanisierung der Natur.

Statt die Natur zu durchgeistigen, steht der menschliche Geist gegenwärtig allerdings in der Gefahr, sich selbst auszulöschen und die Menschengeschichte zu einem Seitensprung der Naturgeschichte zu degradieren, von dem die Natur reumütig in sich zurückkehrt. Die Anzeichen solcher Reue sind längst überdeutlich – am besten zu studieren an den Protagonisten der Hochrüstung und ihrem weltweiten Gefolge. Aber die Reue der Natur geht auch in denjenigen um, die gegen die atomare Bedrohung nichts anderes aufbieten als eine Ehrfurcht, der alles Leben einerlei ist: gleich heilig, gleich gültig. Wo Leben an sich, das bloße Vegetieren also, zum höchsten Wert erklärt wird, da *ist* die Menschengeschichte bereits zurückgenommen, auch wenn sie noch andauert, da regt sich jene Sehnsucht nach Rückkehr in den Schoß der Natur, die auch die Rüstungsspirale in die Höhe treiben hilft. Die Extreme berühren sich. Die neue ethische Einheitsfront, die sich um das Leben als solches formiert, leistet gerade dem Vorschub, wogegen sie sich zu richten meint: einem von Menschen vollstreckten Naturverhängnis.

Arbeit

Was einer Gesellschaft die Arbeit bedeutet, zeigt sich an ihrem Verhältnis zur Arbeitslosigkeit. Zwar ist strittig, wie Arbeitslosigkeit am besten abzubauen ist, doch im Grundsätzlichen sind sich alle Parteien, Verbände und Gewerkschaften einig: Sie muß bekämpft werden, nicht nur weil sie den Staat Geld kostet, sondern auch der Betroffenen wegen. Arbeitslos sein heißt nämlich in den meisten Fällen nicht nur materielle Not leiden, sondern auch den Tag untätig verbringen und vor der Frage stehen, wozu man eigentlich noch gut sei, wenn man nicht einmal mehr in der Lage ist, sich den Lebensunterhalt selbst zu verdienen. Mangel leiden und sich zugleich überflüssig fühlen – das ist kein lange erträglicher Zustand. Man hat ihn denn auch allerseits als menschenunwürdig gebrandmarkt und im Umkehrschluß gefolgert, Arbeit sei ein Menschenrecht. So steht es in den UN-Menschenrechtskonventionen.

Wo Menschen die Arbeit genommen ist, stellt sich um so dringlicher die Frage nach dem Sinn des Lebens, und so kann es nicht ausbleiben, daß sich die Kirchen zu Wort melden. Ihrem Verständnis nach sind Menschenrechte weniger erstritten als von Gott gegeben. So auch die Arbeit: »Als Ebenbild Gottes ist der Mensch berufen, sich durch seine Arbeit die Erde zu einem menschenwürdigen Lebensraum zu machen. Gott hat ihm vielfache Fähigkeiten des Sich-Betätigens geschenkt.«[1] Zwar ist die Arbeit »von einer manchmal drückenden Mühe begleitet«, denn »›Im Schweiße deines Angesichts sollst du dein Brot essen‹, sagte Gott zu Adam«. Jedoch: »Die christliche Lehre von der Arbeit als Mühsal und Buße spricht keinen Fluch über die Arbeit aus.«[2] Im Gegenteil:

1 Kard. J. Höffner, *Arbeit und Arbeitslosigkeit*, Hirtenbrief zur Fastenzeit, Köln 1983, S. 5.
2 Ebd.

Christus selbst war – sei es als Zimmermann, sei es in seiner Passion – »ein Mann der Arbeit«. »Indem der Mensch die Mühsal der Arbeit in Einheit mit dem für uns gekreuzigten Herrn erträgt, wirkt er [...] an der Erlösung der Menschheit auf seine Weise mit.«[3] »Mitten in der gefährdeten Wirklichkeit der menschlichen Arbeit begegnet Gott den Menschen. Gerade hier werden Versöhnungs- und Befreiungsinitiativen von Gott konkret.«[4] Arbeit ist also noch in der Mühsal ein Gottesgeschenk und als solches erfüllt mit Sinn. Und wer keine Arbeit hat? Nun, auch der geht nicht ganz leer aus, denn dieser Sinn hat Grenzen. »Gott selbst arbeitet – und ruht am siebten Tag, er relativiert damit die Arbeit und eröffnet neue Hoffnungshorizonte.«[5] Weil »der Mensch mehr ist als die Arbeit«[6], ist der Arbeitslose auch nicht geringer zu achten als der Arbeitende. So werden beide zu einer »Solidargemeinschaft« aufgerufen, die folgendermaßen aussieht: »Arbeit ist ein hohes Gut, für das jeder [...] dankbar sein wird. Dennoch sollte sich auch der, der von Leistung und beruflichem Erfolg ausgeschlossen ist, nicht mit einem Makel behaftet empfinden.« Er »müßte in einer solidarischen Gesellschaft in dem Bewußtsein leben können, angenommen zu sein«[7]. Arbeit hat also Sinn, und Arbeitslosigkeit ist nicht einfach sinnlos. Und wo nehmen die Kirchen den ganzen Sinn her, den sie überall in der Welt zu finden meinen? Aus der Bibel? Ja – aber nur, sofern sie die Bibel als Steinbruch benutzen. Jedenfalls kann man sich dieses Eindrucks nicht erwehren, wenn man sich einen Text, der für den Sinn der Arbeit bevorzugt herhalten muß, einmal genauer ansieht: die Geschichte von Schöpfung und Sündenfall (Gen 1–3).

Arbeit ist die Tätigkeit, durch die die Menschen ihre eigenen Lebensbedingungen produzieren. Als einzige Lebewesen sind sie fähig, eigene, von der Natur nicht schon vorgegebene Zwecke zu erdenken und mit-

3 Papst Johannes Paul II., Enzyklika »Laborem exercens«, 1981, 26. f

4 Rat der Ev. Kirche in Deutschland (EKD), »Solidargemeinschaft von Arbeitenden und Arbeitslosen«, Gütersloh 1982, S. 31.

5 A. a. O., S. 34.

6 A. a. O., S. 28.

7 A. a. O., S. 28f.

tels verschiedener, aufeinander abgestimmter Tätigkeiten in der Natur zu verwirklichen. So heben sie sich als arbeitsteilige, durch Bewußtsein organisierte Gesellschaft vom bloßen Naturprozeß ab und machen ihre eigene Geschichte. Wo Arbeit ist, da ist menschlicher Geist, und Geist wiederum ist nicht anders denkbar als von Natur verschieden. Daher kommt wirkliche Arbeit in der Bibel erst dort vor, wo die harmonische Einbettung in die Natur aufhört: beim Sündenfall. Adam und Eva essen vom verbotenen Baum der Erkenntnis. »Da gingen den beiden die Augen auf, und sie wurden gewahr, daß sie nackt waren; und sie hefteten Feigenblätter zusammen und machten sich Schurze.« (Gen 3,7) Das ist die erste Arbeit, die sie verrichten – nicht weil sie frieren, sondern weil sie sich schämen. Sich als nackt erkennen kann nur, wer mehr ist als nackte Natur. Erst für den Geist ist die Natur das Nackte, Animalische, dem er sich strikt entgegensetzt und dennoch verhaftet bleibt. Ohne die Natur hätte der Geist weder einen Träger noch einen Inhalt. Die Natur, die er als das schlechthin Andere verleugnen möchte, ist zugleich *sein* Anderes, das er nicht verleugnen kann. Indem er sich ihrer schämt, muß er sich seiner selbst schämen. Der Zwiespalt von Geist und Natur ist der Inbegriff des Peinlichen, die Scham sowohl sein Ausdruck als auch der Drang, ihn zu beseitigen. Durch Umkleidung soll die menschliche Physis ihre Nacktheit verlieren und mit dem Geist versöhnt werden. Doch die Schurze, die Adam und Eva sich machen, verdecken den Zwiespalt nur und heben ihn nicht auf. Die Scham bleibt; die beiden verstecken sich unter den Bäumen, bis Gott ihre Untat entdeckt und sie aus dem Paradies vertreibt. »Weil du [...] von dem Baume gegessen hast, von dem ich dir gebot: du sollst nicht davon essen, so ist um deinetwillen der Erdboden verflucht. Mit Mühsal sollst du dich von ihm nähren dein Leben lang [...] Im Schweiße deines Angesichts sollst du dein Brot essen, bis du wieder zur Erde kehrst, von der du genommen bist; denn Erde bist du, und zur Erde mußt du zurück.« (Gen 3,17 u. 19)

Dieser Fluch spricht nur das allgemeine Gesetz aus, das bei der Herstellung der Schurze schon wirksam war. Der Geist, der den Menschen aufgegangen ist, steht nicht nur ihrem eigenen Organismus entgegen, sondern der ganzen Natur, und die beginnt nun eine Art Possenspiel mit ihm: In Gestalt des menschlichen Selbsterhaltungstriebs zwingt sie den Geist zum Zugriff auf sie, ohne daß sie sich ihm ganz hingibt. Sie behält ihren Eigensinn. Weder wird sie dem Geist als menschliche Triebnatur vollends gefügig, noch in den Gegenständen, auf die sie ihn zieht. Vielmehr muß er sich ihren Eigenheiten anbequemen, wenn er eigene Zwecke in ihr verwirklichen will. Mit Holz läßt sich kein Hunger stillen, aus Sand kein Hammer fertigen. Immerhin ist die Natur dem Geist nicht so fremd, daß sie sich ihm nicht zu erkennen gäbe als ein in sich strukturierter Zusammenhang, der die erscheinenden Einzeldinge zu konsistenten, handhabbaren Gegenständen macht. Das System von Gattungen und Arten, in das sowohl biblischer Schöpfungsmythos als auch griechische Philosophen die Natur einteilen, ist kein beliebiger Entwurf, sondern kommt der Natur tatsächlich zu. Sie läßt sich nur planmäßig aneignen, sofern menschliche Arbeit sich nach diesem System richtet.

Gegenständlich arbeiten heißt die Formen, die die Naturdinge an sich haben, so umformen, daß sie sich gebrauchen oder genießen lassen. Stets geht es darum, Formen der Natur mit Formen des Geistes in Einklang zu bringen. Insofern ist jeder Produktionsakt ein Versöhnungsversuch, der jedoch sein Gegenteil, den Widerstreit, nicht los wird. So wenig wie im Menschen Intellekt und Triebe ganz zur Übereinstimmung kommen, so wenig verwachsen die Formen, die der Intellekt ersinnt, mit den angestammten Formen der Naturdinge zu wirklicher Versöhnung. Die Gebrauchsgegenstände, die aus menschlicher Produktion hervorgehen, werden verzehrt und verschlissen, und Kunstwerke sind auch im Glücksfall, wo sie Natürliches zu einer formvollendeten Gestalt durchgeistigen, nur der Schein von Versöhnung, nicht ihre Realität. Arbeit, so zeigt sich, ist der unablässige Versuch, den Fluch abzuschütteln, der sie *ist*. Das bringt der Bibeltext erzählerisch zum Ausdruck. Gott begnügt sich nicht mit der Vertreibung aus dem Paradies; zusätzlich läßt er »östlich vom Garten Eden die Cherube sich lagern und die Flamme des zuckenden Schwertes, den Weg zum Baum des Lebens zu bewachen« (Gen 3,24). In der Beschaffung ihrer Lebensmittel strecken die Menschen sich ständig nach dem Baum des Lebens aus. Doch der in ihnen aufgeblitzte Geist, der ihrem Tun überhaupt erst den Charakter der Arbeit verleiht, schneidet sie zugleich von der Versöhnung mit der Natur ab, die er erstrebt. So ist er selbst beides: die

Rückwendung zum Baum des Lebens *und* die geheimnisvolle »Flamme des zuckenden Schwertes« auf der Schwelle des Paradieses, die ihnen den Eingang verwehrt.

Das Paradies, als das die frisch erschaffene Welt in den ersten beiden Kapiteln der Bibel dargestellt wird, kann nur gedacht werden als der Zustand, wo alle Kreatur zu einem harmonischen, durch keinen Fluch beeinträchtigten Ganzen zusammenstimmt, wo jedes Tun seliger Genuß des Lebens und jede Entbehrung ausgeschlossen ist. In einer solchen Welt kann Arbeit überhaupt nicht stattfinden. Ihre Bedingung ist ein der Natur entgegengesetzter und von Entbehrung getriebener Geist: exakt der Fluch also, der mit der Vertreibung aus dem Paradies über die Welt kommt. Kein Zufall daher, daß der Mensch im Paradies zwar zur Arbeit bestimmt wird, aber nicht eine einzige gegenständliche Tätigkeit verrichtet: Sie ließe sich gar nicht schildern, ohne den Fluch bereits vorauszusetzen; ja er steckt sogar noch in der berühmten Aufforderung zur Unterwerfung der Erde und Herrschaft über die Tiere (Gen 1,28). Das hebräische Verb ›kabas‹, das man hier gewöhnlich mit ›untertan machen‹ übersetzt, heißt wörtlich ›niedertreten, unterwerfen‹, und der Begriff ›radah‹, der für ›herrschen‹ steht, meint in seiner ursprünglichen Bedeutung das Treten der Kelter. Es ist also von Tätigkeiten die Rede, die dem Ebenbild Gottes, als das der Mensch soeben die Weltbühne betritt, ebenso schlecht zu Gesicht stehen wie dem dazugehörigen Urbild, denn sie sind ohne Kampf, Brutalität und Anstrengung nicht möglich und fordern bereits den Schweiß und das Blut, die erst außerhalb des Paradieses fließen sollen.[8] Der nahende Sündenfall wirft seinen Schatten voraus und sorgt dafür, daß schon das Paradies so paradiesisch nicht ist. Das verrät auch das merkwürdige Verbot Gottes, vom Baum der Erkenntnis zu essen (Gen 2,17). Der Mensch kann dies Verbot doch überhaupt nur zur Kenntnis nehmen, wenn er bereits das Wissen von gut und böse hat, das aus der Übertretung dieses Verbots erst entspringen soll. Das Paradies wird seinem eigenen Begriff nicht gerecht, was ketzerische Geister dazu bewog, den Weltschöpfer für minderwertig zu halten, den Sündenfall hingegen als den eigentlichen Akt

8 Lächerlich, wenn ökologiebewegte Theologen ausgerechnet aus dieser Passage die Aufforderung Gottes zum Umweltschutz herauslesen.

der Menschwerdung und ersten Schritt auf dem Wege zur Erlösung zu preisen.[9]

Doch der offensichtliche Mangel des biblischen Schöpfungsmythos, der solche Ketzereien provozierte, ist auch seine geheime Stärke. Indem er das Paradies als den vollkommenen Urzustand der Welt charakterisiert, denunziert er ihn zugleich als unmöglich. Wo das Paradies seinem Begriff entspräche, bräuchten die Menschen sich die Natur nicht erst untertan zu machen; sie wäre ihnen ohne jede Widerspenstigkeit gefügig. Wo sie der göttlichen Aufforderung aber tatsächlich nachkommen und sich die Erde zu unterwerfen beginnen, da ist bereits der Fluch in Kraft und gibt ihnen zu spüren, daß sie selbst nur Erde sind und zur Erde zurück müssen (Gen 3,19). Bei allen Versuchen, die Natur zu beherrschen, bleiben die wirklichen historischen Menschen den Bedingungen der Natur unterworfen, die sie verändern, aber nicht abschaffen können. Je bewußtloser sie die Naturbeherrschung betreiben, desto mehr verstricken sie sich in selbst produzierte Naturbedingungen. Es kann keine Rede davon sein, daß die Menschen gegenwärtig im Begriff stünden, die Natur zu zerstören. Was sie in Gefahr gebracht haben, sind ihre eigenen Lebensbedingungen, nicht »die« Natur überhaupt. Im Gegenteil: Die Katastrophe wäre das Verschwinden des Geistes und damit die Apotheose der Natur – eine Möglichkeit, die im biblischen Fluch von Anfang an mitgedacht ist. Wenn die Erde sich eines Tages wirklich in eine gigantische Kraterlandschaft verwandelt haben sollte, so hätten die Menschen nur gründlich Ernst damit gemacht, daß sie, wie alles Lebendige, Erde sind und wieder zur Erde zurück müssen. Sie hätten lediglich den Gedanken verwirklicht, mit dem schon der alttestamentliche Gott nicht nur spielt, als er – nur wenige Kapitel nach dem Sündenfall – zu Noah spricht: »Das Ende alles Fleisches ist bei mir beschlossen; denn die Erde ist voller Frevel von den Menschen her. So will ich sie denn von der Erde vertilgen.« (Gen 6,13)

Der Fluch, den sich die Menschen dadurch zuzogen, daß sie anfingen, sich von bloßer Natur zu unterscheiden, ist der Brennpunkt der biblischen Urgeschichte. Wohl mag ihr Anfang auf den ersten Blick

9 Vgl. A. v. Harnack, *Marcion*, Leipzig 1924, S. 97ff.

als Musterbeispiel einer idealistischen Konstruktion erscheinen: Aus dem göttlichen Geist geht eine ideale Welt hervor, aus der idealen Welt dann die sündige. Doch diese Konstruktion destruiert sich im Zuge ihrer Entfaltung selbst. Das Paradies offenbart sich als unauflöslicher Widerspruch: Es *muß* ideal sein, weil es göttlichen Ursprungs ist, und es *kann nicht* ideal sein, weil es korrumpierbar ist. Der Mythos läßt es in die Sünde übergehen und demonstriert dabei, daß dieser Übergang unmöglich ist: wo er stattfindet, war das Paradies keines. In der Erzählkunst, die das ebenso nüchtern wie abgründig darzustellen vermag, erreicht die Mythologie ein Niveau, auf dem der Mythos etwas von seiner eigenen Unwahrheit zu ahnen beginnt. Er selbst gibt den Fingerzeig, daß das Paradies unwahr ist als tatsächlicher Urzustand der Welt und wahr nur als die Versöhnung von Geist und Natur, nach der sich die wirklichen Menschen bei der Produktion ihrer eigenen Lebensbedingungen vergeblich ausrecken.

Der Fluch der Arbeit macht keine Ausnahmen, aber er ist nicht total. Die Menschen sind nicht nur vernunftbegabte Arbeitstiere, sondern auch in der Lage, auf ihr Tun und seine Bedingungen zu reflektieren – sofern die Beschaffung der Lebensmittel ihre geistigen und körperlichen Kräfte nicht vollständig absorbiert. Wer nicht körperlich arbeiten muß, weil andere das für ihn tun, kann um so eher die materiellen und geistigen Voraussetzungen dieser Arbeit zum Gegenstand des Denkens machen. Die Reflexion auf den Fluch der Arbeit ragt über den Fluch ein wenig hinaus und bekommt etwas von jener Gottesebenbildlichkeit zu schmecken, die im realen historischen Prozeß nie wirklich zum Zuge gekommen ist. Es stand daher keineswegs im Widerspruch zur biblischen Urgeschichte, wenn im christlichen Mittelalter Kontemplation ungleich höher geschätzt wurde als gegenständliche Tätigkeit. Die Unterscheidung von vita activa und vita contemplativa hat nach Thomas von Aquin ihr Fundament in der Struktur des menschlichen Intellekts. »Der Intellekt wird unterschieden in einen aktiven und einen kontemplativen; denn das Ziel intellektueller Erkenntnis ist entweder die Erkenntnis der Wahrheit selbst, was zum kontemplativen Intellekt gehört, oder es ist eine äußere Handlung, was zum praktischen oder aktiven Intellekt gehört.«[10] Das aktive Leben besteht in der Bearbeitung und Handhabung der Natur – sowohl der äußeren, der man die Lebensmittel abgewinnen muß, als auch der inneren, deren Triebe und Affekte man unter Kontrolle zu bringen hat. Die moralischen Tugenden rechnet Thomas daher ausdrücklich zum aktiven Leben.[11] Sie sind die innere Arbeit des Subjekts an seiner eigenen Natur und unterstehen daher ebenfalls dem Fluch der Arbeit: Tugend ist fortwährende Bändigung des widerspenstigen Triebs, daher Ausdruck des Zwiespalts zwischen Geist und Natur, nicht seine Überwindung. Niemand kommt also umhin, sich im aktiven Leben zu üben. Nur eine der materiellen Dinge kundige und sittlich gefestigte Seele, die von Leidenschaften nicht mehr umhergeworfen wird, ist reif zur Kontemplation und vermag unbelastet von allen physischen Hemmnissen die Wahrheit selbst zu betrachten. Die Wahrheit selbst ist für Thomas natürlich identisch mit Gott – aufgefaßt als absolute geistige Substanz, worin alle Dinge ihren Grund, Bestand und Endzweck haben. Gott schauen heißt den Weltprozeß als Manifestation einer übernatürlichen Vernunft begreifen, die sich in der Natur zeigt und als deren wahres Ziel zu erkennen gibt. Dieses Ziel vermag der sich in Gott versenkende Verstand bereits zu berühren; auch wenn er der göttlichen Vernunft nicht bis in ihre übernatürlichen Abgründe zu folgen imstande ist, genießt er doch das höchste Glück irdischer Erkenntnis und damit den Vorgeschmack der überirdischen, für die der Begriff der ewigen Seligkeit steht.

Kontemplation Gottes versteht sich als Lobpreis Gottes und damit als Lobpreis der Welt – so wie sie ist. In Seelenruhe die Wahrheit schauen heißt daher auch seelenruhig eine Gesellschaftsordnung betrachten, die auf der Arbeit von Leibeigenen, Bauern und Hintersassen errichtet ist, ohne deren Schweiß und Mühsal man sich so schöne Dinge wie Ritterkampf und Minne, Klerus und Kontemplation gar nicht leisten könnte. Wie schon die antike Philosophie, so erblüht auch die mittelalterliche Kontemplation auf der Basis von Zwangsarbeit, und die göttliche Wahrheit, die sie entzückt zu schauen meint, verklärt ihr diesen Zustand als höchst vernünftig. Damit allerdings tut sie der Idee der Wahrheit etwas von der Gewalt an, die die feudale Gesellschaft zusam-

10 Thomas von Aquin, *Summa theologica*, 2–2, q. 179, a. 2c.
11 *S. th.* 2–2, q. 181, a. 1c.

menhält, und ein Gott, der sich das gefallen läßt, ist kein Gott; er wird seinem Begriff ebensowenig gerecht wie ein korrumpierbares Paradies. Das schlägt auf die Kontemplation zurück. Als ob sie ihr Unrecht ahnte, bestraft sie sich für den Erkenntnisgenuß, dessen sie sich rühmt, mit den strengen Regeln mönchischer Askese. Der Vorgeschmack der Seligkeit hat den bitteren Beigeschmack physischer Entbehrung und erweist sich als ein mehr imaginiertes denn wirklich genossenes Glück.

Wenn die mittelalterliche Kontemplation auch nicht das Glück war, für das sie sich ausgab, so enthält sie doch die Einsicht, daß Glück und Freiheit unabtrennbar von Erkenntnis sind und sich nur dort einstellen, wo der Fluch der Arbeit nicht wütet. Diese Einsicht ist ein Vermächtnis. Der Aufstieg von der vita activa zur vita contemplativa läßt sich daher als eine Linie auffassen, in der beispielhaft der mögliche Verlauf der weiteren Menschheitsgeschichte vorgezeichnet ist. So wurde er damals freilich nicht interpretiert. Der Fortbestand der Gesellschaft hing tatsächlich davon ab, daß die Mehrzahl ihrer Mitglieder ihr Leben mit körperlicher Arbeit zubrachte, und es war undenkbar, daß auf Erden Kontemplation einmal aufhören könnte, ein Privileg zu sein. Das hat sich in der Neuzeit geändert. Die Entfesselung der großen Industrie eröffnete die nahezu paradiesische Möglichkeit, den Fluch der Arbeit derart zu verkleinern und ihren unvermeidlichen Rest so solidarisch zu verteilen, daß sich niemand mehr durch sie ruinieren müßte und selbst noch ihr notwendiges Maß weitgehend in den Dienst der Entfaltung geistiger und körperlicher Kräfte treten könnte. Einzig eine hochentwickelte Maschinerie wäre in der Lage, der vita contemplativa vom Kopf auf die Füße zu helfen und ihr sowohl den Status des Privilegs als auch den Stachel der physischen Entbehrung zu nehmen. Erst dadurch wäre sie der Vorgeschmack der Seligkeit, den sie zu unrecht für sich reklamierte, solange sie durch Herrschaft erkauft war und das Glück freier geistiger Entfaltung mit Gewalt gegen die Physis bezahlte. Erst das Ineinanderspiel geistiger und physischer Tätigkeit, das sich in der unvermeidlichen Arbeit an der äußeren wie inneren Natur bildet, um sich jenseits davon voll zu entfalten, ohne dabei die Verausgabung der menschlichen Kräfte noch streng von ihrem Genuß zu scheiden: das wäre die wahre Heimholung der Kontemplation und ihre vernünftige Vereinigung mit der vita activa.

Doch es kommt nicht dazu, weil die moderne Gesellschaft sich selbst im Weg steht. Die industrielle Revolution war eine Umwälzung der Produktionsmittel bei gleichzeitiger Konstanz und Verhärtung der Produktionsverhältnisse, die den ungeheuren technischen Fortschritt sowohl ermöglichten als auch bis heute verhindern, daß seine Früchte den Menschen voll zugute kommen. Dafür sorgt die besondere Art von Lohnarbeit, die in der Neuzeit allmählich zur materiellen Grundlage der ganzen Gesellschaft wurde. Ihre historische Voraussetzung ist die massenhafte Trennung von Produzenten und Produktionsmitteln. Bauern, die von der Scholle vertrieben werden, Handwerker, denen Werkstatt und Werkzeug abhanden kommt, werden zu Lohnarbeitern, die sich den Lebensunterhalt nur verdienen können, wenn sie ihre Arbeitskraft an diejenigen verkaufen, die sich die Mittel zur Produktion angeeignet haben. Damit vollzieht sich ein einschneidender Wandel. Angesammeltes Geld oder Kapital ist nicht länger nur das Medium des Kaufmanns, das den Austausch fertiger Waren reguliert, sondern es greift auf die Herstellung der Waren über und wird zum Mittel, um Arbeitskräfte und Geräte aufeinander zu beziehen, die daraus entstehenden Produkte in mehr Geld zu verwandeln und dies Geld in erhöhte Produktivität. Kapital ist also nicht länger nur klingende Münze, sondern dieser ganze, durch den Konkurrenzmechanismus zu ständiger Expansion gezwungene Prozeß, und Geld, Maschinen, Arbeitskräfte und Produkte sind lediglich seine verschiedenen Erscheinungsformen, die er durchläuft. Sobald sich dieser Prozeß etabliert hat, ist sein reibungsloses Funktionieren oberstes Gebot. Nichts anderes aber kann ihn in Gang halten, als menschliche Arbeit, die in möglichst produktiver Weise möglichst produktive Maschinen bedient. Wo aber die Menschen Mittel der Produktivität sind, können Maschinen nicht Mittel menschlicher Freiheit werden. Statt den Fluch der Arbeit zur Farce zu machen, verewigen sie ihn.

Das Kapital ernährt sich nicht nur von der Lohnarbeit; es ernährt auch die Lohnarbeiter. Der Fluch, der von Natur aus auf der Arbeit lastet, tritt damit unter die Regie einer gesellschaftlich produzierten Macht. Als Naturwesen *müssen* die Menschen arbeiten, um zu leben. Aber ob sie auch arbeiten *dürfen*, hängt nunmehr davon ab, ob der Kapitalprozeß ihrer Arbeitskraft bedarf. Es kann einer noch so intelligent, gebildet, flexibel oder liebenswürdig sein – daß es ökonomischen Bedarf für ihn gibt, steht dennoch nicht in seiner Macht. Der Abschluß eines jeden Arbeitsvertrags ist, so wenig es die Beteiligten auch ahnen mögen, ein theologisches Ereignis. Der Erwerb bestimmter Fähigkeiten ist die eigenständige Leistung des Subjekts, das Produkt seines freien Willens. Doch daß diese Leistung auch angenommen wird, ist Gnade. Das auch für die größten Theologen unlösbare Problem, wie das Zusammenwirken von Gnade und freiem Willen widerspruchsfrei zu denken sei, wird in aller Stille praktisch und ohne viel zu denken gelöst. Im Arbeitsvertrag gelingt dem Kapital das unerhörte Kunststück, ein X für ein U vorzumachen, ohne zu schwindeln: Es gibt dem Fluch der Arbeit die Erscheinungsform des Segens und teilt den Segen selbst aus – nicht irgendeinen eingebildeten sonntäglichen, sondern jenen materiellen, der den Individuen zu leben gestattet. Je länger dieser Segen andauert, desto größer seine Kraft, die Seelen seiner Empfänger zu seinem Bilde zu formen, und desto geringer ihre Kraft, noch irgend etwas anderes als Segen in ihm zu erkennen.

Wie intensiv die seelische Bindung der Heutigen an den Arbeitsvertrag geworden ist, zeigt sich erst dort, wo Arbeitslosigkeit sie durchschneidet. Wenn arbeitslos Gewordene, auch wo sie finanziell noch einigermaßen über die Runden kommen, rapide an Ausdauer, Konzentration und geistiger Beweglichkeit verlieren und, ähnlich wie Rentner, beginnen, apathisch zu werden, so kommt nur an den Tag, daß der Arbeitsvertrag der Tropf war, an dem ihre Seele hing und aus dem sie all die Tatkraft und Energie zogen, die als ihr Eigenstes erschien. Die vom Tropf Abgesetzten sind die Verworfenen, der Auswurf des Kapitals, der nicht länger in der Lage ist, sich sein Leben zu verdienen und daher nicht zu leben verdient. Die Arbeitslosenunterstützung, die gezahlt wird, solange noch genügend andere arbeiten, ist das Gnadenbrot für die in Ungnade Stehenden, das äußere Zeichen ihrer Verworfenheit. Das innere Zeichen ist die Leere. Das Gefühl, unnütz zu sein, trügt die Arbeitslosen nicht. Indem ihre brachliegenden seelischen Kräfte wie ungenutzte Maschinen und unverkaufte Produkte vergammeln, stellt sich heraus, daß der Antrieb, der die Psyche einst in Schwung hielt, kein anderer war als der, der auch Maschinen laufen und Waren zirkulieren läßt. Ein Subjekt, das durch Arbeitslosigkeit zerfällt, war schon vorher keines mehr; seinen Zusammenhalt stiftete dasselbe ökonomische Gesetz, das ihn nun auflöst.

So plaudert die Arbeitslosigkeit die Wahrheit über die Arbeit aus. An den Arbeitslosen zeigt sich ungeschminkt der Fluch der Arbeit, der sich den Arbeitenden als der Segen präsentiert, den es festzuhalten gilt. Die Arbeitslosigkeit ist aber nicht nur der Ernstfall der Arbeit, sondern auch die erzwungene Parodie auf die Kontemplation. Zeit zur Versenkung ins an sich Wahre hätten die Arbeitslosen schon, und von daher auch die Möglichkeit, sich einen angemessenen Begriff vom gesellschaftlichen Ganzen zu machen – aber es fehlt ihnen an den entscheidenden äußeren und inneren Voraussetzungen. Wo die dauernde Sorge ums Materielle quält, kann sich kein spekulativer Gedanke entfalten, und nur aus einem in sich gefestigten Ich, das seine Reflexion nicht davon abhängig macht, was sie einbringt oder abwirft, kann er hervorgehen, nicht aus einem Bündel anwendbarer Qualifikationen, als das die Individuen heute gewöhnlich die Ausbildungsstätten verlassen. So findet die Seelenruhe, aus der sich einst die kontemplative Versenkung nährte, ihr Zerrbild im dumpfen Dahinbrüten derer, die sich zur Hingabe an eine Sache nicht mehr zusammennehmen können. War die vita contemplativa mehr ein imaginiertes Glück als ein wirkliches, so kann die vita passiva sich nicht einmal mehr zur Imagination von Glück aufschwingen.

Die Arbeitslosen merken daher gewöhnlich nichts von der beglükkenden Möglichkeit der Kontemplation, die in ihrem Dasein steckt. Die Arbeitenden aber wittern sie. Der hartnäckige, durch gutes Zureden nicht zu beseitigende Verdacht, Arbeitslose seien im wesentlichen Faulpelze und Schmarotzer, entspringt dem Neid auf die, die nicht schuften müssen. Die Sehnsucht nach der Erlösung von der Arbeit, die sich die Arbeitenden nicht eingestehen dürfen, weil Arbeit doch ein Segen ist, schafft sich Luft im Ruf nach Arbeitslagern für die, denen der Segen vorenthalten blieb.

In der kapitalistischen Arbeitsgesellschaft findet eine denkwürdige Verkehrung statt. Der Fluch der Arbeit erscheint als Segen, die Freistellung von der Arbeit realisiert sich als Fluch, und der Mechanismus, der diese Verwirrung stiftet und darin doch so klar und unerbittlich begnadet und verwirft wie ein calvinistischer Gott, ist nicht ein bloßes Denkprodukt, sondern materiell produzierte Realität, die jeder zu spüren bekommt. In ihrer Gottähnlichkeit wie ihrer Kraft zu Konfusion und Verblendung vereinigt sie die beiden zentralen Prädikate auf sich, die die Theologie einst dem Widersacher Gottes zugedacht hatte, und es ergibt sich der erstaunliche Sachverhalt, daß der Teufel, von dem während der christlichen Gesellschaftsepoche nur der Begriff existierte, sich in der nachchristlichen auf originelle Weise inkarniert. Und ausgerechnet während das geschieht, geben die offiziellen Vertreter der Theologie immer häufiger die Parole aus, an den Teufel müsse man, aufgeklärt wie man heute sei, nicht mehr glauben. Im Geist dieses neuen Unglaubens sind auch die jüngsten kirchlichen Verlautbarungen über Arbeit und Arbeitslosigkeit verfaßt. Der Teufel kommt in ihnen nicht vor – wohl aber das Recht auf Arbeit. Wer es fordert, ist bereits dem diabolischen Schein aufgesessen, mit dem das Kapitalverhältnis die Arbeit umgibt. Sie wird als Segen, als Gnade anerkannt – und soll zugleich ein Recht werden, während es doch zum kleinen Einmaleins der Theologie gehört, daß auf ein Recht jeder Anspruch hat, auf Gnade aber niemand. Das Kapital, das nicht davon abläßt, nach seinen Fähigkeiten und nach seinen Bedürfnissen Lohnarbeit zu kaufen oder liegenzulassen, muß den Menschenrechtlern daher selbst theologischen Nachhilfeunterricht erteilen und klarstellen, daß Gnade nie Recht werden kann, aber stets von Verwerfung begleitet ist: Arbeitslosigkeit ist kein Betriebsunfall, sondern gehört zu den laufenden Betriebskosten; keine Krise oder Rationalisierung ohne Entlassungen, und kein Kapitalprozeß ohne Krise und Rationalisierung.

Das wissen alle Machthaber ebenso wie alle kirchlichen Würdenträger. Wenn letztere daher auf eine Solidargemeinschaft von Arbeitenden und Arbeitslosen dringen und die Gleichwertigkeit beider proklamieren, so fordern sie nicht eine solidarisch organisierte Gesellschaft, sondern die Bereitschaft, die ökonomische Verwerfung als alternative Gnade zu akzeptieren und sich so von dem schrecklichen Los zu befreien, mit seinem Los hadern zu müssen. Der Gott, von dem man sich da mit und ohne Arbeit gleichermaßen angenommen wissen soll, ist zwar als der biblische gemeint, aber er sieht der Macht, die tatsächlich Arbeit austeilt und vorenthält, verteufelt ähnlich. An den Fluch, den er einst über die Arbeit verhängt hat, kann er sich nicht mehr so recht erinnern; sie ist sein gnädiges Geschenk. Und mit der vita contemplativa als einem Fingerzeig für ein heute realisierbares Jenseits der Arbeit hat er nichts im Sinn; das ist Kirchengeschichte. Gegen die gesellschaftliche Konfusion, die Fluch als Segen erscheinen läßt und Segen als Fluch realisiert, hat er hingegen nichts einzuwenden, er bereichert sie vielmehr durch die Einladung, den Fluch als alternativen Segen anzunehmen – ohne ihn dadurch zu bagatellisieren, versteht sich. Wen wundert es, wenn sich für die moderne Theologie der Teufel erübrigt? Er ist von ihrem Gott nicht mehr zu unterscheiden.

Nicht die Preisgabe der Idee des Teufels ist aufklärerisch, sondern die geistige Durchdringung des diabolischen Charakters, den das gesellschaftliche Ganze angenommen hat. Diabolos heißt, wörtlich übersetzt, Durchbringer, Durcheinanderbringer, Entzweier, Zerrütter, und daß die bestehende Weltwirtschaftsordnung nicht nur zahllose Menschen in materielles Unglück stürzt, sondern auch ihren Geist in Verwirrung über die Ursachen und Art ihres Unglücks – dafür ist die weltweit erhobene Forderung eines Rechts auf Arbeit nicht das schlechteste Beispiel. Sie illustriert schlagend, was Horkheimer und Adorno meinten, als sie die hochentwickelte kapitalistische Gesellschaft einen »Verblendungszusammenhang«[12] nannten.

Gott ernstnehmen heißt den Teufel ernstnehmen. Der nämlich ist immerhin objektive Realität. Das Diabolische im Bewegungsgesetz der modernen Gesellschaft läßt sich beweisen. Gott läßt sich nicht beweisen. Aber den Teufel beim Namen nennen kann man nicht, ohne daß die Idee Gottes mitschwingt. Deren Quintessenz, die Versöhnung von Geist und Natur, ist der Fluchtpunkt unverkürzten Denkens. Aber durch keine Hirnakrobatik läßt sich dartun, daß diese Versöhnung auch wirklich zuteil wird, wenn man nur aufs richtige Pferd, den richtigen Glauben, die richtige Religion setzt. Gewiß ist lediglich, daß ihre volle Verwirklichung alle menschlichen Kräfte übersteigt. Zur Versöhnung gehörte, daß das Seufzen der Kreatur glücklich verstummte, daß der Fluch der Vergänglichkeit, Gebrechlichkeit, Bedürftigkeit und Arbeit verschwände, und das können Menschen nicht leisten. Aber ihre Spe-

12 M. Horkheimer/Th. W. Adorno, *Dialektik der Aufklärung*, in: Horkheimer, *Gesammelte Schriften* Bd. 5, Frankfurt/Main 1987, S. 65.

zies hat durchaus genügend geistige und materielle Kräfte entwickelt, um ihr Dasein der Versöhnung ungleich näher zu bringen als es ist. Es müßte nicht sein, daß der von Menschen in Gang gesetzte Diabolos sich zum Schlußpunkt der Weltgeschichte setzt, wie es nicht sein müßte, daß die Freistellung von Arbeit als Schrecken und der Fluch der Arbeit als Segen erfahren wird. Solange die Mehrheit sich freilich nicht entschließen kann, dem diabolischen Bewegungsprinzip der Gesellschaft gerade ins Auge zu blicken, solange sie nicht wahrhaben will, was doch offensichtlich ist, nämlich daß Arbeitslosigkeit zur kapitalistischen Lohnarbeit gehört wie die Rückseite der DM zur Vorderseite, und daß entweder beide verschwinden oder keine – solange bleibt der Exorzismus, auf den es ankäme, aus.

Befreiung

Auf den ersten Blick scheint klar, was Befreiungstheologie will: die christliche Heilsgewißheit nicht nur im Herzen tragen, sondern sie fruchtbar und glaubwürdig machen in politischen Befreiungstaten, vornehmlich im Kampf gegen das unermeßliche Elend, das die bestehende Weltwirtschaftsordnung zahllosen Menschen in der ›Dritten Welt‹ zufügt. Schonungslos soll das gesellschaftliche Unrecht aufgedeckt, soll Solidarität mit den Leidenden und Entrechteten geübt werden und notfalls, wenn gar nichts anderes mehr hilft, auch Gewalt gegen die, die mit gnadenloser Gewalt den unerträglichen Zustand aufrechterhalten. Um so irritierter ist man, wenn man feststellt: Dies alles will der Vatikan auch. »Das Evangelium Jesu Christi ist eine Botschaft der Freiheit«, betont Kardinal Ratzinger, »umschließt in logischer Konsequenz die Befreiung von vielfältigen Versklavungen auf kulturellem, ökonomischem, sozialem und politischem Gebiet«[1] und von »himmelschreienden Ungleichheiten zwischen Reichen und Armen«[2]. »Die Sehnsucht nach Befreiung kann [...] im Herzen und im Geist der Christen nur ein starkes und brüderliches Echo finden.«[3] Kann es bei so viel Gemeinsamkeit mit den Differenzen denn wirklich weit her sein? Warum die Sorge des Kardinals, die befreiungstheologische Argumentation sei »mit dem christlichen Glauben und den daraus folgenden ethischen Forderungen unvereinbar«[4]? Warum die häufigen Papstbesuche in Lateinamerika, die Maßregelung exponierter Befreiungstheologen, die Zuspitzung des Konflikts? Vielleicht alles nur ein Mißverständnis?

Ja, aber ein wohlinszeniertes – entzündet in den 60er Jahren, jenem

1 Instruktion der Kongregation für die Glaubenslehre über einige Aspekte der ›Theologie der Befreiung‹, 6.8.1984, Vorwort.
2 A.a.O., I. 6.
3 A.a.O., III. 1.
4 A.a.O., Vorwort.

bewegten Jahrzehnt, das den großen westlichen Wirtschaftsaufschwung nach dem 2. Weltkrieg stocken ließ, das – vornehmlich den reichen Ländern – eine erste Welle von Aussteiger- und Protestbewegungen bescherte, das von der UNO zur Entwicklungsdekade für die armen Länder erklärt wurde und in ihnen die Hoffnung weckte, sie könnten an den Segnungen des industriellen Reichtums bald genauso teilhaben wie Europa und Nordamerika, kurzum: das ein Jahrzehnt besonderer ökonomischer wie geistiger Gärung und Neuorientierung war, auf die sich die Kirchen einzustellen hatten, wenn sie mithalten wollten. Und so schlug das 2. Vatikanische Konzil, jener große Anpassungsversuch der katholischen Kirche an die gewandelte Welt, auch zum Thema Entwicklung und Gerechtigkeit neue Töne an[5], die Papst Paul VI. in der Enzyklika ›Populorum progressio‹ noch verschärfte: »Entwicklung ist nicht einfach gleichbedeutend mit wirtschaftlichem Wachstum«, »sie muß den ganzen Menschen im Auge haben«[6], «verlangt deshalb manchmal eine Enteignung, wenn ein Besitz [...] dem Gemeinwohl hemmend im Wege steht«[7] und gestattet »im Fall der eindeutigen und lange dauernden Gewaltherrschaft, die die Grundrechte der Person schwer verletzt und dem Gemeinwohl des Landes gefährlich schadet«[8] – sogar die Revolution.

Das erregte Aufsehen, manchenorts gar den Verdacht, der Papst sei Kommunist. Eine unbegründete Sorge, wie er bald klarstellte: Theologie der Revolution? »Ferne sei von Unseren Gedanken und von Unseren Worten eine solche Verirrung!« »Wo Hunger und Elend herrschen und die Unmöglichkeit, als freie und würdige Menschen zu leben, dort ist unsere Caritas aufgerufen.«[9] So also war's gemeint. Die Revolution im Extremfall entpuppt sich als eine Art ›reservatio mentalis‹, als bloß gedachte Möglichkeit, die nie Wirklichkeit wird, als Klausel für einen Fall, der nie eintritt. Die vom Papst so teilnahmsvoll beklagten »Situationen, deren Ungerechtigkeit zum Himmel schreit«[10], sind allesamt

5 Vgl. die Pastoralkonstitution ›Gaudium et spes‹.
6 Paul VI., Populorum progressio, 6. 3. 1967, Nr. 14.
7 A. a. O., Nr. 24.
8 A a. O., Nr. 31.
9 E. Feil/R. Weth (Hg.), *Diskussion zur ›Theologie der Revolution‹*, Mainz 1969, S. 329.
10 Populorum progressio, Nr. 30.

nie schreiend genug, um den Tatbestand des von ihm selbst umschriebenen Extremfalls zu erfüllen. Immer könnte es auch noch schlimmer kommen.[11]

›Populorum progressio‹ zeugt also nicht von einer Kehrtwendung des Vatikans, sondern von der Dehnbarkeit der katholischen Soziallehre. Deren Geist hat keiner besser formuliert als Pius XI.: »Es ist der größte Skandal des 19. Jahrhunderts, daß die Kirche die Arbeitermassen verloren hat.«[12] Mit anderen Worten: Das eigentliche Elend ist nicht das der Lohnarbeiter, sondern daß es die Frechheit hatte, sie der Kirche abspenstig zu machen. Massenelend, das durch industrielle Revolution entsteht, steht zu kraß im Gegensatz zu deren technischen Errungenschaften, ist zu deutlich von Menschen gemacht, als daß man es den Betroffenen noch als höheren göttlichen Ratschluß weismachen könnte. So wächst überall, wo eine Umwälzung von Sippen- oder Feudalstrukturen in kapitalistische Produktionsverhältnisse im Gang ist, der Unglaube an gütige göttliche Vorsehung und die Bereitschaft, sich gegen den Wettlauf zur Wehr zu setzen. Wie im Europa des 19., so in der ›Dritten Welt‹ des 20. Jahrhunderts. Am gefährlichsten rumort es gegenwärtig in Lateinamerika, wo die katholische Kirche zudem ihre letzte große Bastion zu verlieren hat.

Daher die neuen päpstlichen Töne, die doch das Alte meinen. Seit einem Jahrhundert kämpft die katholische Soziallehre für Gerechtigkeit und Menschenwürde in der Wirtschaft, das heißt für einen humanen Kapitalismus, das heißt für ein Unding. Zwar ist der Kapitalismus selbst Anwalt der Menschenrechte, der alle feudalen Fesseln sprengt und die Individuen tatsächlich frei und gleich macht – aber nur in ihrer Eigenschaft als Warenbesitzer. Wer nichts feilzubieten hat als die eigene Person, die erdrückende Mehrheit also, ist frei, sich als Arbeitskraft zu heteronomen Bedingungen und Zwecken zu verkaufen oder zu verkommen. Und wer in der Lage ist, Arbeitskräfte zu kaufen, weil er über Produktionsmittel verfügt, auf die er sie anwenden kann, ist frei, aus

11 Die neuste Verlautbarung des Vatikans liegt ganz auf dieser Linie; vgl. Instruktion der Kongregation für die Glaubenslehre über die christliche Freiheit und Befreiung, 22.3.1986, Nr. 79.

12 Pius XI., zit. n. R. Garcia-Mateo, ›Die Methode der Theologie der Befreiung‹, in: *Stimmen der Zeit*, 204. Band, 11. Jg., Heft 6, S. 386.

der Arbeitskraft mehr Gewinn zu ziehen als er für sie bezahlt oder Konkurs zu machen. Das Nähere regelt ein Tarifvertrag, die Sozialgesetzgebung oder das freie Spiel des Markts, das jedem die gleiche Chance optimaler persönlicher Entfaltung gibt und Freiheit und Gleichheit verwirklicht, indem es sie mit Füßen tritt: im erbarmungslosen Konkurrenzkampf. Das Kapital als Produktionsverhältnis ist objektiv zynisch: Es realisiert die Menschenrechte, indem es sie verhöhnt. Nur indem es Arbeitskräfte sowohl massenhaft kauft wie massenhaft liegenläßt, verschleißt wie verstößt, nur indem es Raubbau an den natürlichen Lebensgrundlagen und Hochrüstung betreibt, Kriegen Vorschub leistet und sich am Wiederaufbau gesund stößt, kann es sich kräftig und seine Erzeuger am Leben erhalten, sie an seinem Reichtum und technischen Fortschritt teilhaben lassen und sie zu freien und gleichen Rechtssubjekten machen.[13]

Sozialkritik, die diese Doppeldeutigkeit nicht beim Namen nennt, ist selbst doppeldeutig. Für die Respektierung der Menschenrechte sein, heißt alles und heißt nichts, weil sich das Kapital selbst schon dafür einsetzt. Für Abschaffung von Privilegien und Änderung ungerechter Strukturen sein, heißt die Entmachtung rücksichtsloser Herrschaftscliquen fordern und heißt nichts, weil Strukturflexibilität und Beteiligung aller am Wettbewerb zu den Existenzbedingungen des Kapitals gehören. Für Gewerkschaften und Mitbestimmung sein heißt, gegen Hungerlöhne und barbarische Arbeitsbedingungen aufbegehren, und heißt nichts, weil es auf die Stabilisierung der Lohnarbeit hinausläuft. Für die Gemeinnützigkeit des Eigentums sein heißt, Maßnahmen gegen Kapitalflucht ergreifen, und heißt nichts, weil das Kapital in der Bereitstellung von Arbeitsplätzen täglich seine Gemeinnützigkeit erweist.

So ist die Soziallehre im Kern doppelzüngig. Sie will den Kapitalis-

13 Marx' Kritik an den Menschenrechten war Kritik an deren zynischer Verwirklichung, nicht Plädoyer für ihre Abschaffung (vgl. Marx, *Zur Judenfrage*, Marx-Engels-Werke, Bd. 1, Berlin 1972, S. 363ff.). Letztere Marx in die Schuhe zu schieben oder gar in seinem Namen zu betreiben, ist Potenzierung des Zynismus – in westlicher Propaganda kaum weniger üblich als in östlicher. Beide sind denn auch Komplizen darin, das Entscheidende zu unterschlagen: daß die Länder des Ostblocks dem Bewegungsgesetz des Kapitals keineswegs entronnen sind, daß der ›reale‹ Sozialismus in Wahrheit der Affe des Kapitalismus ist; vgl. M. Horkheimer, *Autoritärer Staat* (1942), in: *Gesammelte Schriften* Bd. 5, Frankfurt/Main 1987.

mus ohne sein Elend, die Ursache ohne die Wirkung. Kapitalistische Mißstände gelten ihr stets als Mißbrauch, nie als Konsequenz des Systems. Als Quell sozialkritischer Anregungen mag Marx in ihr Platz finden[14], als Kritiker der politischen Ökonomie ist er nach wie vor ihr Hauptgegner.

Die prominenten Vorkämpfer der Befreiungstheologie wissen das selbstverständlich. Sie sind gebildete, theologisch versierte Leute. So wissen sie freilich auch, was Enzykliken sind: verbindliche päpstliche Rundschreiben, die, wo sie »ein Urteil über bislang umstrittene Fragen aussprechen«, »der freien Erörterung der Theologen entzogen«[15] sind. Einer Enzyklika widersprechen kann man, solange man der Kirche angehören will, nur implizit: indem man ihre Präzisionsmängel bedauert, ihre Ausbaufähigkeit lobt und sie ansonsten zu seinen Gunsten auslegt. Gustavo Gutiérrez, der Namengeber der Befreiungstheologie, hält sich geradezu päpstlich an diese Spielregel – um des Unpäpstlichen willen, das er ausdrücken möchte: daß es in Lateinamerika zunächst politische, meist sozialistische Befreiungsbewegungen waren, die durch klaren Blick für die wirtschaftliche Realität oder den Mut ihrer Guerilla auch in Christen Oppositionsgeist weckten.[16] In den Elendsquartieren formierten sich aus Empörung, Verzweiflung und Priestermangel katholische Laien zu ›Basisgemeinden‹, um sich auf eigene Faust zu wehren, gegenseitig zu helfen und mit Bibelauslegung zu stärken – guten Glaubens, darin dem Geist des Evangeliums treu zu sein, ohne sich allerdings um das katholische Lehramt, das über die Reinheit dieses Geists zu wachen hat, sonderlich zu kümmern. Die Befreiungstheologie ist das intellektuelle Sprachrohr der Basisgemeinden: der Versuch, ihre Katholizität zu erweisen. Dabei nimmt sie das Mißverständnis, zu dem die Doppelzüngigkeit der katholischen Soziallehre einlädt, dankend an und versteht das 2. Vatikanische Konzil und ›Populorum progressio‹ als Rückenwind für den lateinamerikanischen Befreiungskampf.[17]

14 Vgl. O. v. Nell-Breuning, ›Marxismus – zu leicht genommen‹, in: *Stimmen der Zeit* 110, 1985, S. 87ff.
15 H. Denzinger, Enchiridion symbolorum et definitionum et declarationum Nr. 2313.
16 Vgl. G. Gutiérrez, *Theologie der Befreiung*, Mainz 1973, S 84ff.
17 So exemplarisch das Dokument der Lateinmarikanischen Bischofskonferenz in Medellin, Sept. 1968, und danach alle maßgeblichen Theologen um Gutiérrez, Boff, Arns, Sobrino.

Aber sie läßt sich nicht nur gern zum Mißverständnis einladen, sondern lädt auch ein. Wenn Befreiungsbewegungen nach den Ursachen des lateinamerikanischen Elends forschen, so bleibt ihnen die Einsicht nicht erspart, daß die Geschichte ihrer Länder zunächst einmal Kolonialgeschichte ist – gemacht und geschrieben von Europa aus. Und das Gewaltverhältnis zwischen Kolonien und Kolonialmächten hat sich übersetzt, versachlicht, rationalisiert in ein ökonomisches Abhängigkeitsverhältnis. Darin ist es sowohl verschwunden als auch erhalten. In dem Maße nämlich, wie in Europa und Nordamerika kapitalistische Zentren entstanden, gerieten die alten oder schon ehemaligen Kolonien der Südhemisphäre als Rohstoffgroßlieferanten in deren Sog und leisteten einer Industrialisierung Vorschub, an der sie selbst nur minimal teilhatten und von der sie gleichwohl immer abhängiger wurden. Im Bann einer internationalen Entwicklung zu stehen, von deren Errungenschaften ihnen nur Brosamen und Abfälle zufallen, war seither ihr Los. Daß diese spezifische Abhängigkeit System hat, ja daß sie selbst zu dem System gehört, dessen Grundzüge die Marxsche *Kritik der politischen Ökonomie* darstellt: das macht den Kerngedanken der sogenannten Dependenztheorie aus.[18] Sie sagte in den 60er Jahren voraus, was damals die wenigsten hören wollten und inzwischen offen zutage liegt: daß unter den Bedingungen der geltenden Weltwirtschaftsordnung die Industrialisierung der ›Dritten Welt‹ das Elend, die Abhängigkeit, die Kluft zwischen arm und reich vergrößert statt verkleinert.

Wo sich Basisgemeinden und Befreiungstheologie auch nur den Kerngedanken der Abhängigkeitstheorie zu eigen machen, spinnen sie faktisch eine Marxsche Argumentation fort, auch wenn sie von Marx nichts kennen oder wissen wollen. So laden sie zu dem Mißverständnis ein, im Kern marxistisch zu sein, das der Vatikan dankend annimmt. Bei Marx seien »zahlreiche Daten der Beobachtung und der beschreibenden Analyse in eine philosophisch-ideologische Struktur integriert«, die sich nicht abschütteln läßt. »Man glaubt, nur das aufzugrei-

18 Vgl. A. G. Frank, *Kapitalismus und Unterentwicklung in Lateinamerika*, Frankfurt/Main 1969; D. Senghaas (Hg.), *Peripherer Kapitalismus*, Frankfurt/Main 1974; I. Wallerstein, *Das moderne Weltsystem*, Frankfurt/Main 1986.

fen, was sich als Analyse darbietet und wird dabei verleitet, gleichzeitig die Ideologie anzunehmen.[19]

Das wechselseitige Mißverständnis versteht die Gegenseite jeweils besser, als ihr lieb sein kann: Ein humaner Kapitalismus ist ein Unding, sagen die einen; eine katholische Revolution ist ein Unding, sagen die anderen. Beide haben gegeneinander recht, allerdings auf verschiedene Weise. Das Denkverbot, das die Soziallehre über die Kritik der politischen Ökonomie verhängt hat, will die Befreiungstheologie durchbrechen, das Lehramt befestigen. Letzteres geschieht im Gewand skrupulöser Wissenschaftlichkeit. »Die kritische Prüfung der analytischen Methoden, die man anderen Disziplinen entlehnt, ist für den Theologen besonders dringlich.« »In den Sozial- und Humanwissenschaften ist es wichtig, auf die Vielfalt der Methoden und Gesichtspunkte zu achten, von denen jede nur einen Aspekt einer Wirklichkeit hervorhebt, die wegen ihrer Komplexität keine einheitliche und univoke Erklärung zuläßt.«[20] Oder mit den deutlicheren Worten eines neuen Vatikan-Fürsprechers: Die Lage in der ›Dritten Welt‹ ist nicht *nur* durchs internationale Kapital bedingt, sondern *auch* – und nun kommt eine kunterbunte Aufzählung von Phänomenen, die entweder vorgefundene Bedingungen sind, unter denen sich das Kapital durchsetzt, oder bereits seine Erscheinungsformen: »Mangel an sozialer Verantwortung«, »Anfälligkeit für reaktionäre Diktaturen«, »korrupte Behörden«, »Unwissenheit und Wehrlosigkeit der Armen«, »Klima und ethnische Besonderheiten«, »Landflucht und Slumbildung in den Großstädten«[21].

Die Bedingungen einer Sache als Einwand gegen sie, ihre Erscheinungsformen als ihre Widerlegung – so simpel wird hier gegen die »Simplifizierung« der Abhängigkeitstheorie zu Felde gezogen. Diejenigen, denen es gar nicht monokausal und univok genug zugehen kann, wenn es um den göttlichen Ursprung ihrer kirchlichen Ämter zu tun ist, faseln von Komplexität, Vielfalt der Methoden und Gesichtspunkte und lösen, ganz im Sinne der pluralistischen Wissenschaftsideologie,

19 Instruktion der Kongregation für die Glaubenslehre vom 6.8.1984, VII. 6.
20 Instruktion v. 6. 8. 1984, VII. 10. und 5.
21 M. Kriele, ›Die linksfaschistische Häresie‹, *Frankfurter Allgemeine Zeitung*, 28. 5. 1986, S. 11.

die kapitalistische Realität in eine diffuse Mannigfaltigkeit von Faktoren auf, um an ihr nicht entdecken zu müssen, was sie im Kolleg über Metaphysik durchaus gelernt haben: kein Wesen ohne Erscheinungsformen, keine Substanz ohne Akzidenzen, und umgekehrt: keine Faktorenvielfalt ohne ein Einheitliches, worin sie subsistiert, andernfalls sie bloß Chaos und nicht einmal als Vielfalt bestimmbar wäre. Aber die gebildeten Herren aus dem Vatikan wollen in Marx die aristotelischen Lehrstücke nicht wiedererkennen, die sie in Thomas von Aquin verehren, denn ihre Verfahrensweise ist erheblich moderner als die des heiligen Thomas: Wenn »der Theologe philosophische oder humanwissenschaftliche Ergebnisse gebraucht, so hat dieser Gebrauch ›instrumentalen Wert‹ und muß Gegenstand einer kritischen Prüfung theologischer Art sein«.[22] Deutlicher kann das Bekenntnis zur instrumentellen Vernunft, die nur Mittel und Methoden bereitzustellen hat für Zwecke, über die zu befinden ihr nicht zusteht, kaum ausfallen. Indem es die Wissenschaften allein darauf ansieht, ob sie dem Dogma nützen oder schaden, verfährt das kirchliche Lehramt prinzipiell wie das Kapital, das die Arbeitskraft samt ihrem Vernunftpotential nur kauft, sofern es sie verwerten kann.

Aber verfährt die Befreiungstheologie prinzipiell anders? Während im christlich-marxistischen Dialog der 60er Jahre immerhin die Wahrheitsfrage zur Debatte stand, heißt es bei L. Boff nur noch: »Welche Art von Marxismus kann der Theologie nützlich sein?« »Welcher Art von Theologie kann der Marxismus nützlich sein?«[23] Entsprechend wird mit Marx umgesprungen: »In dem Augenblick, da es um ein möglichst sachgerechtes Erkennen der konfliktträchtigen gesellschaftlichen Wirklichkeit geht«, ist er willkommen. »Wenn dies geleistet ist, setzt die eigentlich theologische Arbeit ein, die darin besteht, diese [...] soziale Entschlüsselung im Lichte des Glaubens, der Schrift, der lehramtlichen Dokumente, der Soziallehre, der Kirche usf. zu deuten.«[24] Und da hat Marx nichts zu suchen. Daß Gott existiert, dreifaltig ist, in Jesus ganz Mensch wurde und die Welt erlöste, obwohl das Elend andauert,

22 Instruktion vom 6. 8. 1984, VII, 10, a. a. O., S. 211.
23 L. Boff, *Aus dem Tal der Tränen ins gelobte Land*, Düsseldorf 1982, S. 202 u. 204.
24 A. a. O., S. 211.

daß seine Mutter seine göttliche wie seine menschliche Natur gebar und schließlich in den Himmel fuhr wie er – das ganze christliche Dogmengerüst, von dem kein Stück beweisbar ist und das nicht nur Marx mit Gründen bestritt, wird ohne Gründe beibehalten. Der Kampf gegen das über Marx verhängte Denkverbot klebt selbst am Denkverbot – nur nicht so konsequent wie seine Verfechter, die wenigstens wissen, daß sich die Marxsche Theorie nur als ganze ernst nehmen läßt, nicht als Steinbruch.

Strittig zwischen Lehramt und Befreiungstheologie ist lediglich, wie weit sich das Denkverbot zu erstrecken habe, nicht, daß es sein muß. Nur indem der Katholizismus sich vom neuzeitlichen Geist nimmt, was dem Dogma nützt und liegenläßt, was ihm schadet, sich der Wahrheitsfrage stellt, solange es ihm paßt und sich auf höhere Eingebung zurückzieht, sobald er die Beweislast hat – nur indem er also selbst nach Maßgabe instrumenteller Vernunft verfährt, kann er im Reich der instrumentellen Vernunft, dem Kapitalismus, mithalten: konkurrenzfähig bleiben. Dazu »müssen wir neue Formen kirchlicher Präsenz in der Gesellschaft entwickeln, hauptsächlich unter den Armen«. »Inmitten des Volkes wimmelt es von Sekten, von Pfingstbewegungen, von afrobrasilianischen Religionen und neuerdings von neuen Kirchen, die aus den Vereinigten Staaten kommen und von der Regierung unterstützt werden. Gegenüber diesen Herausforderungen muß die Kirche Mut und Kreativität beweisen; sonst würde während der nächsten fünfzig Jahre die Kirche aufhören, die vorherrschende Religion Brasiliens zu sein.«[25] Das sagt Boff, nicht Ratzinger, und spricht – im Vokabular einem Marketing-Fachmann nicht unähnlich – nur aus, was beide wollen: der eine durch Befestigung, der andere durch Neuauslegung des Dogmas, an dem beide nicht rütteln.

Die beiderseits gezielt angelegten Scheuklappen lassen den innertheologischen Disput auf der Stelle treten. Daß christliche Befreiung »vor allem und grundsätzlich eine Befreiung von der radikalen Knechtschaft der Sünde«[26] sei, ist Konsens. Die Tatsache, daß der menschliche

25 J. Ratzinger / L Boff, *Dokumente eines Konfliktes über die Theologie der Befreiung*, 1985, S. 24.

26 Instruktion vom 6. 8. 1984, Vorwort.

Geist sich stets in einem triebhaften, vergänglichen Leib und in einer Natur vorfindet, die ihm widerstreiten, ihn einerseits zu moralischen Normen zwingen und andrerseits verhindern, daß er ihnen vollkommen genügt, wird von der Theologie auf den Sündenfall des ersten Menschen zurückgeführt, verstanden als freiwilliges, unableitbares In-Widerspruch-Treten des menschlichen Geistes zu Gott und seiner Schöpfung, das auf den ganzen Menschen zurückschlug, die Natur aus ihrer paradiesischen Harmonie stieß und ihn damit aus dem Paradies - in den Aufruhr des Fleisches wider den Geist, der seither die ganze Menschheit knechtet.[27] Diesen Sachverhalt interpretiert das Lehramt so, »daß die Quelle der Ungerechtigkeit im Herzen des Menschen liegt«[28], während die »Versklavungen auf kulturellem, ökonomischem, sozialem und politischem Gebiet« bloß »von der Sünde herrühren«[29]: als historisch bedingte Folgen eines Unbedingten. Wahrhaft erfolgreich gegen die Folgen ist nur die Beseitigung ihrer Ursache, der Sünde an sich, von der allein »die beständige innere Umkehr« befreit. Sie ist der einzige Weg zu wirklichen Strukturverbesserungen, eine »tödliche Illusion hingegen der Glaube, neue Strukturen brächten von sich aus einen ›neuen Menschen‹ hervor«[30].

Solche Radikalbekämpfung der Sünde ist freilich bloßer Verbalradikalismus. Zwar gibt es so etwas wie ›Sünde an sich‹: den Bruch zwischen Geist und Natur, der tatsächlich aller Menschengeschichte zugrunde liegt und durch Menschen nicht wieder aufhebbar ist. Doch dieses Ansich ist ein Abstraktum, ein Nichts ohne seine Konkretion in bestimmten geschichtlichen Verhältnissen. Selbst im biblischen Sündenfallmythos kann die Sünde nicht umhin, sich in einer bestimmten gemeinschaftlichen Tat zu konkretisieren, die schon der Geschichte angehört, die sie in Gang setzt. Das Paradies hat keine eigene Geschichte, seine Geschichte ist sein Verlorengehen. Die reale Geschichte ist die sündige, die reale Sünde die geschichtliche. Der Bruch von Geist und Natur manifestiert sich stets in historischen Konstellationen der Men-

27 Vgl. Augustinus, *De civitate Dei*, XIV passim.
28 Instruktion vom 6. 8. 1984, XI. 8.
29 A. a. O., Vorwort.
30 A. a. O., XI. und 9.

schen zueinander, aber nie als Bruch überhaupt. Und gerade letzteren will das Lehramt zuerst heilen. Doch ›Heilung überhaupt‹ ist genauso abstrakt wie ›Bruch überhaupt‹. Die innere Umkehr jenseits der realen historischen Konstellation ist ein Sich-Wälzen in einer Abstraktion, das zu nichts führt, schon gar nicht zur Umwälzung gesellschaftlicher Strukturen.

Die Befreiungstheologie besteht daher darauf, daß ungerechte Gesellschaftsstrukturen selbst Sünde sind – nicht bloß Sündenfolge. Befreiung soll sich auf drei »Ebenen« abspielen: auf der »des wirtschaftlichen, sozialen und politischen Prozesses«, »sodann auf einer tieferen Ebene«, der »einer permanenten Kulturrevolution«, schließlich auf der tiefsten: »der Sünde, die die letzte Ursache eines jeden Bruchs von Freundschaft, einer jeden Ungerechtigkeit und Unterdrückung ist«. »Dabei handelt es sich jedoch nicht um drei Prozesse, die parallel nebeneinander herlaufen oder einander folgen«, sondern »um drei Bedeutungsebenen eines einzigen komplexen Prozesses«[31], der freilich, gerade weil er so komplex ist, die vorgenommene Unterteilung als untriftig offenbart. Kultur als eine eigene Ebene neben der wirtschaftlich-politisch-sozialen ist von der Kulturindustrie längst ad absurdum geführt, die zweite Ebene angesichts des realen Stands gesellschaftlicher Verflechtung kaum minder ein Abstraktum als die dritte: die Sünde an sich, an der Gutiérrez festhält, obwohl er weiß, daß es »nur in gegebenen Situationen und in konkreten Einzelfällen«[32] Sünde gibt.

Das Drei-Ebenen-Modell legt die Abstraktion zugrunde, die es überwinden will, und fügt Konkretes bloß äußerlich hinzu. Sünde an sich, Kultur und ökonomisch-politisch-sozialer Prozeß sind lediglich durch Addition verbunden und durch das Postulat, daß Befreiung in allen dreien zugleich stattzufinden habe. Wie aber das? Auf der dritten Ebene gibt es nur Punktualität: Entweder man steht in Widerspruch zu Gott oder man ist frei davon. Auf den andern beiden Ebenen gibt es nur Prozessualität: Frei von kulturellen und ökonomischen Versklavungen wird man nicht mit einem Schlag, sondern durch geduldigen Kampf, und der ist erst der *Weg* zur Freiheit, nicht schon sie selbst. Nun aber

31 G. Gutiérrez, a. a. O., S. 41f.
32 A. a. O., S. 169f.

soll, was auf Ebene 3 punktuell geschieht, auf Ebene 1 und 2 zugleich prozessual stattfinden. Das ergibt die Ungereimtheit, daß der politische Befreiungskampf selbst schon das ist, was er erst erbringen soll: Er »ist schon Erlösungstat, wenn auch nicht Erlösung im umfassenden Sinn«[33]. Doch der umfassende Sinn ist der einzige. Nur als universale Versöhnung von Geist und Natur, als Aufhören des Widerstreits in aller Kreatur kann Erlösung vernünftig gedacht werden. Es gibt sie ganz oder gar nicht, aber nicht stückweise oder als allmähliches »Wachsen«[34]. Menschliche Liebe und Solidarität ist ihr Vorschein oder ihr Platzhalter, aber nie sie selbst. Und wenn es auch Erlösungs*sehnsucht* ist, die zum Kampf treibt, so ist er als der Schauplatz von Gewalt und Gegengewalt nicht Teil, sondern Gegenteil von Erlösung. Statt im politischen Kampf konkret zu werden, ist sie darin von ihrem Gegenteil nicht mehr unterscheidbar. Als Bestandteil des unerlösten Wettlaufs, dessen Ende sie doch sein müßte, verliert sie jede klare Kontur.

So macht sich die Befreiungstheologie genauso der Vermischung von Erlösung und irdischem Dasein schuldig wie das Lehramt der abstrakten Trennung beider. In der Kritik haben beide gegeneinander recht, wollen nur nicht wahrhaben, daß das Kritisierte lediglich die Kehrseite der eigenen Position ist. Wo es als ausgemachte Sache gilt, daß Christus *an sich* die Welt bereits erlöst habe, gibt es nämlich nur zwei Möglichkeiten: Entweder erhält sich das Ansich rein gegen den Weltlauf; so ist es reine abstrakte Innerlichkeit. Oder es tritt in ihn ein; so wird es diffus. Beides läuft auf dasselbe Dementi der Erlösungswirklichkeit hinaus, das beide Seiten um jeden Preis vermeiden wollen und daher nur auf der Gegenseite wahrnehmen dürfen. Und so kann die theologische Kontroverse nur die schlechte Unendlichkeit sein, die sie ist: Ständig neuer Abtausch der immer wieder gleichen Argumente, unablässiger Klärungsversuch, der nichts klärt und schon gar nicht jener Aufbruch in theologisches Neuland ist, den eine wohlmeinende Kundschaft in den zahllosen Neuveröffentlichungen zum Thema zu kaufen meint.

Durchgängig hat der Konflikt die gleiche Struktur. Wenn etwa die

33 A. a. O., S. 171.
34 A. a. O., S. 161.

Befreiungstheologie betont, daß Gott dem Elend der Welt nicht gleichgültig zuschaue, daß er vielmehr Partei für die Unterdrückten und Entrechteten ergreife, daß daher die Befreiung seines Volkes Israel aus der ägyptischen Knechtschaft, eine »politische Affäre«, als Urmodell seines Heilshandelns zu gelten habe, das im »Heilswerk Christi« nur an sein »letztgültiges Ziel«[35] gelangt sei, so ist dies ein grundsympathischer Gedanke – und doch heikel wie immer, wenn Menschen für ihr Tun göttlichen Willen reklamieren. Nun hat die katholische Lehre nie gesagt, daß Gott das Elend *wolle*; er läßt es zu. Das freilich ist sehr anthropomorph gedacht. Menschen lassen zu, was sie nicht wollen: aus Ohnmacht. Aber Gott? Wenn er allmächtig ist und doch zuläßt, was er nicht will, um auf diesem merkwürdigen Umweg seinen Willen durchzusetzen – ist dann der Gedanke noch abzuweisen, daß das gesamte irdische Elend bloß einen mächtig geschlungenen Schnörkel im Heilswillen Gottes darstellt, eine Verzierung, die er sich auch hätte sparen können? Natürlich würde das Lehramt das entrüstet von sich weisen, die menschliche Bosheit als Ursache des Elends anführen – und sich dabei ebenso schwer tun wie Augustin, als er aus der Erbsünde deduzieren wollte, daß die einen Sklaven, die andern Freie sind.[36]

Die Befreiungstheologie läßt sich hier nichts vormachen. Ein Gott, der das Elend zuschauend duldet, wäre ein Sadist und Parteigänger der Herrschenden. Dagegen begehrt sie auf – und verharrt doch im selben Denkschema. Sie propagiert einen Gott, der seit Jahrtausenden auf der Seite der Unterdrückten gegen das Elend kämpft, ohne daß es aufhört, der unablässig an einer Heilsgeschichte bastelt, ohne daß es besser in der Welt wird. Dieser Gott läßt das Elend nicht minder zu als der andere: jener, weil er es vorerst nicht wenden *will*, dieser, weil er es nicht wenden *kann*. Ein Gott aber, der bloß das Elend teilt, von dem er erlösen sollte, streicht sich ebenso durch wie einer, der es gewähren läßt, obwohl er es beenden könnte.

Es ist paradox: Die Basisgemeinden fassen Mut zum Befreiungskampf, indem sie einen Gott auf ihrer Seite wähnen, der ihnen bei Lichte besehen jeden Kampfesmut nehmen müßte, und die Befreiungs-

35 A. a. O., S. 144 u. 146.
36 Augustinus, *De civitate Dei*, XIX. 15.

theologie hütet sich, ihnen dies Licht aufzustecken, sondern unternimmt es, besagten Gott biblisch zu verankern. Ihr Verdienst dabei ist, deutlich zu machen, wie das Lehramt sich die Bibel glattbürsten muß, damit sie mit dem Dogma übereinstimmt, wie es das Alte Testament zu einer Sammlung symbolischer Vorbedeutungen des Heilswerks Christi verflüchtigt und an Jesus alle Ecken und Kanten abschleift, die nicht zum Lamm Gottes passen. Und doch tut sie nichts anderes, als sich die Bibel auf ihre Weise glattzubürsten: als Zeugnis eines fortwährenden Befreiungskampfes. So nimmt der Auszug aus Ägypten breiten Raum ein; die Eroberungskriege Davids kommen nicht vor. Die Sozialkritik der Propheten paßt ins Konzept; die Greueltaten Gideons oder Simsons fallen heraus. Weil Jesus mit Armen und Unterdrückten Umgang hatte und das jüdische Gesetz durchbrach, gilt er als Revolutionär. Daß das Gebot der Bergpredigt, nicht dem Bösen zu widerstehen und sogar seine Feinde zu lieben, schwerlich eine revolutionäre Kampfparole darstellt, wird genauso überspielt wie das ärgerliche »Jedermann sei untertan der Obrigkeit« des Römerbriefs. Die neue Bibelauslegung, auch ›politische Hermeneutik‹ genannt, ist also bloß alternative Selektion – ebenso instrumentell wie die des Lehramts und einig mit ihr im Verzicht auf jede ernsthafte Bibelkritik.

Auch hier wieder das gleiche: Lehramt und Befreiungstheologie haben auf unergiebige Weise gegeneinander recht – theoretisch. Moralisch freilich kommt letzterer das ungleich größere Recht zu. Ohne derer zu gedenken, die für sie starben oder ihr Leben riskieren, ohne sich vor dem moralischen Impuls zu verneigen, der Basisgemeinden zum Freiheitskampf zusammenschließt, Priester und Bischöfe zu ihren Anwälten macht und dem Widerstand gegen unsägliches Unrecht eine Massenbasis verschafft, ist jede Äußerung über Befreiungstheologie ein abstraktes Räsonieren, das am wenigsten Mitteleuropäern zusteht, die ihr aus sicherer Distanz zuschauen dürfen. Dies Privileg ist jedoch auch Verpflichtung, schonungslos auszusprechen, wofür zu große Nähe offenbar den Blick verstellt: daß der moralische Impuls der Befreiungstheologie sich selbst hemmt, solange sie, bei all ihrem bewundernswerten Mut zum Widerstand, den Mut, sich selbst auf die Finger zu schauen, nicht findet und ignoriert, wie sehr noch ihr eigenes Denken an den Mustern der instrumentellen Vernunft und Herrschaftsreligion hängt, gegen die ihr Kampf doch geht. Wo man sich einen kämpfenden Gott, einen revolutionären Jesus, ja eine Untergrundkämpferin Maria zu fingieren nötig hat, lauter Idole, die nüchterner historischer Betrachtung keine Minute standhalten, wo man das Alte und Neue Testament als Schutzheilige braucht, um zum Widerstand bereit zu sein, da geht der Freiheitsimpuls im Gängelwagen, worin er sich in seinen zarten Anfängen zwar kräftigen, aber nimmermehr ans Ziel gelangen kann.

Erst die Einsicht, daß auch alternative Idole zu den falschen Verhältnissen gehören, die es umzuwälzen gilt, entstiege dem Gängelwagen – und wäre deswegen doch nicht das Ende aller Theologie, sondern der Anfang eines Gedanken, gegen den selbst die Marxsche Religionskritik nichts vermag: daß Revolution *von sich aus* ein theologisches Thema ersten Ranges ist. Sie schlägt nämlich in Barbarei um, wenn nicht der Wille zur Versöhnung sie treibt, sondern Haß und Vergeltung. Einen göttlichen Weltversöhner, der auf ihrer Seite stünde, proklamiert sie zwar vergebens; jeder Versuch, dessen Existenz zu beweisen, mißlingt. Aber die vielen mißlungenen Revolutionen beweisen die Dringlichkeit der Versöhnungsidee, und die verlangt ungleich viel mehr als das Schlichten von Alltagskonflikten. Am guten Ende wäre Versöhnung erst, wo die gesamte Kreatur befriedet, gerettet, von allem Widerstreit und Widersinn erlöst wäre. Kein Sterblicher vermag solche Versöhnung zu realisieren, ein Gott, der es könnte, ist nicht zur Hand, und dennoch ist ihre Vision ein unaufgebbarer Impuls der Humanität. »Es kann der Beste nicht in Frieden leben, wenn es dem bösen Nachbarn nicht gefällt.« Mehr noch: Es kann niemand ungetrübt Frieden verbreiten, wenn andere dagegen sind. Vielmehr muß der Friedensstifter unfriedlich gegen Störenfriede werden, wenn er denn wirklich Frieden durchsetzen will. Um zu bleiben, was er ist, muß er von dem abweichen, was er ist. Dieser Widersinn, an dem schon das alltägliche Handeln krankt, haftet besonders prekär am revolutionären. Unter welcher Belastungsprobe es steht, wird durch nichts offenbarer als durchs biblische Feindesliebegebot, welches ohne jeden Abstrich, ohne jedes Wenn und Aber – Versöhnung verlangt. Liebe ist nur dann ganz ohne Reserve, also wirklich Liebe, wenn sie sich auch noch an den Feindseligsten verströmt. Tut sie das aber tatsächlich, so öffnet sie all seinen Gemeinheiten und Bosheiten Tür und Tor. »Dem Bösen nicht widerstehen« (Matth 5,39) ist einerseits der Gipfel der Liebe, andrerseits das, was Liebe am wenigsten wollen kann. Alle Feindseligkeit preisgeben heißt alle Feinde gewähren lassen. Ausübung von Feindschaft hindern heißt wiederum sich selbst feindlich verhalten, auch wenn es um Versöhnung willen geschieht. Wie man es auch dreht und wendet: Feindschaft und Liebe kommen nicht überein. Noch der bestgemeinte Versuch, sie in Einklang zu bringen, geht fehl.[37] Und doch *müßten* sie zusammenkommen, wenn Versöhnung sein soll. So fordert das Feindesliebegebot das einzig Sinnvolle – und zeigt an, daß es unmöglich ist. Aber es zeigt dies Unmögliche auch als den humanen Gradmesser und Inspirator des Möglichen. Kein menschliches Handeln wird die Idee der Versöhnung realisieren, auch nicht das revolutionäre. Aber es kann Gnade vor ihr finden, wenn es gleichwohl von ihr beseelt ist. Revolution hat nicht nur einen äußeren Feind niederzukämpfen, sondern auch den inneren von Rachsucht und Machtgier. Sie könnte nur dann zum Guten führen, wenn das Feindesliebegebot ihr schlechtes Gewissen bleibt.

Daß die vielen mißlungenen Revolutionen allesamt nichts gegen die Umwälzungsbedürftigkeit der Verhältnisse besagen und daß eine Revolution nicht mit der Bergpredigt, aber auch nicht ohne sie gelingen kann: wo das begriffen wird, wird Vernunft von sich aus theologisch,

37 »Wir lieben die Unterdrücker«, schreibt Gutiérrez (a. a. O., S. 263), »indem wir sie von sich selbst, d. h. aus ihrer unmenschlichen Lage befreien. Dazu bedarf es aber eines entschiedenen Eintretens für die Unterdrückten und somit des Kampfes gegen die unterdrückende Klasse.« »Es geht nicht darum, keine Feinde zu haben, sondern sie nicht von unserer Liebe auszuschließen.« Das klingt wie die Lösung. Klar, es wäre besser für die Unterdrücker, wenn sie keine wären. Aber was tun mit denen, die derart verhärtet und korrupt sind, daß ihr Wille zur Unterdrückung nicht aufhört, solange sie leben? Man käme nicht umhin, sie unschädlich zu machen, und wie das jemals ganz ohne Gefängnis und Blutvergießen abgehen soll, ist nicht abzusehen. Dennoch macht es eine entscheidende Differenz, ob solch notgedrungene Gewalt, die den Unterdrückern die Freiheit, vielleicht gar das Leben nimmt, sich als eitel Feindesliebe ausbietet, ausgeübt nur zu ihrem Besten, nämlich zur Befreiung ihrer selbst »aus ihrer unmenschlichen Lage«, oder ob sie als lieblose Tat gewußt wird, in der sich der Fluch der Feindseligkeit fortsetzt, so sehr auch seiner Beendigung damit gedient werden mag. Selbst ein Attentat auf Tyrannen vom Schlage eines Saddam Hussein ist nicht Feindesliebe, sondern Mordversuch, auch wenn er geschieht, damit das Morden aufhört und daher vor allen Gerichtshöfen Freispruch verdient.

ohne sich von dogmatischen Behauptungen oder Idolen gängeln zu lassen. Wenn Befreiungstheologie bereit ist, *so* zu verfahren, auch auf die Gefahr hin, daß hernach die Kirche nicht mehr die »vorherrschende Religion« ist, dann wird sie über ihren Gängelwagen hinauswachsen. Wo die Frage aber nur noch lautet: »Die Theologie der Befreiung: Hoffnung oder Gefahr für die Kirche?«, wie im Titel eines jüngst erschienenen Sammelbandes, da hört sie auf, eine Hoffnung für die Menschheit zu sein.

Naivität

Kaum etwas ärgert Geisteswissenschaftler mehr als wenn ihren Weltauslegungen Naivität unterstellt wird. Besonders Theologen wurmt dieser Verdacht, und da sie dauernd unter ihm stehen, permanent den stillen oder lauten Vorwurf spüren, von gestern zu sein, der geistigen und gesellschaftlichen Entwicklung hinterherzuhinken, noch an Dinge zu glauben, die Aufklärung längst der Untriftigkeit überführt hat, ist ihr Tun ein Dauerbeweis – aber nicht etwa Gottes, sondern der eigenen Nicht-Naivität. Wenn einer z. B. alle Register moderner Sprachphilosophie zu ziehen weiß, oder wenn einer sich zentrale Lehr- und Bruchstücke kritischer Theorie zu eigen macht – und dann die Hände zum Credo faltet: denn steht er doch ganz anders da, wenn auch nicht vor Gott, so wenigstens vor den Menschen, vor allem vor sich selbst. Wenn er sich und der wissenschaftlichen Öffentlichkeit bewiesen hat, daß der geistige Fortschritt an ihm nicht vorübergegangen ist, daß er an vorderster Front mitzudiskutieren vermag, daß er »anschlußfähig« ist, dann adelt diese Nicht-Naivität sein Credo, scheint es über die Naivität hinauszuheben, die es sonst mit dem Credo jedes Mütterchens, das von Sprachphilosophie und kritischer Theorie nie gehört hat, gemeinsam hätte. Das durch die wissenschaftliche Reflexion hindurchgegangene Credo ist ein anderes als das unmittelbare – und es ist dasselbe. Ausgelegt in Kategorien der Sprachphilosophie, kritischen Theorie oder was es auch sei, ist es für das schlichte gläubige Gemüt nicht wiederzuerkennen. Aber die Auslegung geschieht, damit zu guter Letzt das Credo das Credo bleibt und die Kirche im Dorf. Gott wird in die elaboriertesten wissenschaftlichen Termini übersetzt – aber 1. immer unter der schlichten Voraussetzung, daß er existiert und der Geschichte Sinn und Ziel gegeben hat, und 2. immer zu dem Zweck, diese schlichte Voraussetzung als der Weisheit letzter Schluß zu erhärten. Die Selbstreflexion des Credo, die beim Durchgang durch die Wissenschaft stattfindet, ist die mit allen Wassern der Aufklärung gewaschene Bemäntelung seiner Naivität. Das derart von Reflexion durchtriebene Credo ist beides zugleich: sowohl naiv als auch durchtrieben. Diese Doppelheit ist die Signatur moderner Theologie. Sie kann wie ein Chamäleon die Farbe wechseln, den Vorwurf der Naivität entrüstet zurückweisen mit Hinweis auf ihre Wissenschaftlichkeit, den Vorwurf der wissenschaftlichen Zersetzung der Glaubenssubstanz mit Hinweis auf ihre Verwurzelung im Credo – und so das Kunststück einer doppelten Mimikry vollbringen: an die Standards der wissenschaftlichen Diskussion *und* an den schlichten Glauben der Kultgemeinde.

Diese Doppelheit, die in weiten Teilen moderner Theologie die Form des Schielens nach zwei Seiten angenommen hat, ist freilich zugleich eines der ältesten Kennzeichen von Metaphysik. Die nämlich ist von Hause aus das Durchtreiben eines schlichten Glaubens mit Reflexion. Metaphysik ohne Theologie, Religion, Credo ist wie ein Kopf ohne Rumpf und Beine. Das griechische Wort *theoria* bedeutet ursprünglich das Sehen, Betrachten des Göttlichen, und für Aristoteles ist klar, daß das höchste Wissen, nämlich das von den Ursachen und Prinzipien, auch das »göttlichste Wissen« sei: »das Wissen nämlich, das die Gottheit am meisten besitzen dürfte«, »aber auch das, das vom Göttlichen handelt«. »Denn Gott gilt allen als eine Ursache und ein Prinzip, und Gott hat wohl dies Wissen allein oder doch am meisten.« Aristoteles behauptet also, daß das Ursächliche, dasjenige, was der Welt Bestand, Konsistenz, Erkennbarkeit gibt, das Göttliche in der Welt sei, daß also Metaphysik als Lehre von dem, was die physische Welt im Innersten zusammenhält, eine in Vernunft übersetzte Theologie ist: ein rationalisierter Gottesglaube. Selten spricht er das offen aus. Zumeist kommen bei ihm nur noch die Vernunftkategorien vor – und nicht mehr die darin versteckte Gottheit. Doch wenn er ausführt, daß die Welt nicht nur ein Klumpen Materie ist, sondern eine bestimmte Gliederung und Struktur aufweist, die das Ideelle im Materiellen, das Geistähnliche im Geistlosen ausmacht, so hat er dies Ideelle oder die Form, das sogenannte *eidos*, schon theologisch aufgeladen: mit Schöpferkraft nämlich. Das eidos stellt er sich so vor, daß es nicht nur die Form der materiellen Dinge ist, sondern auch die sie formierende Kraft, die ihnen ihre Form überhaupt erst *gibt*, die sie also konstituiert. Es gibt nun zwei

Möglichkeiten: Entweder das eidos in den Dingen ist selbst ihr Schöpfer, selbst Gott, oder seine Schöpferkraft ist eine geliehene, verweist auf einen Gott, von dem es sie hat. Aristoteles schwankt zwischen beiden Positionen, aber sein Schwanken macht deutlich, welcher Sog in der Metaphysik steckt, wie sehr sie die ganze Hand zu nehmen trachtet, wenn man ihr den kleinen Finger gibt. Denn eines muß man ja zugeben: Wäre in der materiellen Welt nichts Geistähnliches, Intelligibles, so gäbe es auch nichts, was menschlicher Geist in sich aufnehmen, woran er sich bilden könnte. Die Menschen könnten sich weder planmäßig auf die Natur noch aufeinander beziehen und weder ihren Arbeitsprozeß noch ihr Zusammenleben organisieren. Räumt man aber ein, daß es eine Intelligibilität der Natur gibt, so hat man fast schon Gott eingeräumt. Denn wie soll man sich nämliche Intelligibilität denken, wenn nicht als Geistartigkeit, Geistförmigkeit, Geistähnlichkeit, also als entäußerte, vergegenständlichte oder delegierte Intelligenz? Wie sehr man sich aber auch anstrengt, diese Intelligenz zu verklausulieren und auf den neuesten wissenschaftlichen Stand zu bringen – man kommt doch nicht umhin, sie als ein Subjekt zu denken, das die Natur weise eingerichtet und auf ein gutes Ende hingeordnet hat: als Gott.

Die Dinge sind vertrackt. Der Gedanke Gottes drängt sich jedem Denken auf, das sich keine Scheuklappen anlegt. Aber solange es sich keine Scheuklappen anlegt, muß es auch einräumen: Kein Gottesbeweis hält, was er verspricht. Wer von der Existenz Gottes ausgeht, sie als Faktum nimmt, tut so, als sei der Gottesbeweis gelungen – und operiert mit ungedeckten Schecks. Im Wirtschaftsleben ist das strafbar, in der Theologie ist es Einlaßbedingung. Wer sie nicht erfüllen will, ist das Problem damit freilich nicht los. Versicherungen wie »Ich glaube nicht an Gott, mache keine metaphysischen Voraussetzungen« sind selbst ein Credo, das atheistische Gegenstück zum theistischen. Sie sehen davon ab, daß die menschliche Vernunft unheilbar mit Metaphysik geschlagen ist. Denn die Vernunft kann nicht anders als ergründen, erklären, interpretieren, d. h. in die Vielfalt Einheit, ins Disparate Zusammenhang, Ordnung, Sinn bringen. Das tut sie selbst dann noch, wenn sie behauptet, daß alles sinnlos sei. Ihr Tun dementiert dann ihren Inhalt. Ihr Bedürfnis nach Konsistenz, nach Auflösung von Ungereimtheiten, nach Überwindung von Widerständen ist von Metaphysik nicht keimfrei sauber zu bekommen. Metaphysik beginnt nicht erst in der Kirche oder im theologisch-philosophischen Diskurs, sondern ragt ins alltägliche Tun der menschlichen Vernunft hinein. Und nicht nur der Vernunft, sondern sogar der vernunftlosen Physis. »Weh spricht: Vergeh! Doch alle Lust will Ewigkeit«, heißt es bei Nietzsche. Das ist die kürzeste, vielleicht genialste Formel für den Zusammenhang von Stoffwechsel und den letzten Dingen, von Triebleben und Ewigkeit. Die Extreme berühren sich. Metaphysik hat eine Naturbasis. Die Kreatur weiß nichts davon. Der Zusammenhang zwischen Triebleben und Ewigkeit ist ihr verborgen, aber ihr Seufzen stellt ihn her. Vernunft, die ihn ignoriert, statt ihm Sprache zu verleihen, ist weder über die Natur noch über sich selbst genügend aufgeklärt.

Das Projekt eines nachmetaphysischen Denkens krankt an solchem Aufklärungsmangel. Es lebt von dem Glauben, daß es in der Welt und der Vernunft einen metaphysikfreien Raum gebe, daß die Aufklärung und die moderne Gesellschaft diesen Raum geschaffen oder zumindest erobert hätten. Es lebt, mit anderen Worten, von einem Fortschrittsoptimismus, der sich über seine eigene Naivität nicht Rechenschaft gibt. Als ob man die Metaphysik dort, wo man sich gegen sie ausspricht, auch schon los wäre, als ob die moderne Gesellschaft, wo sie sich nicht mehr auf Gott beruft, auch schon säkularisiert wäre, als ob der Warenfetischismus, der in der bestehenden Weltwirtschaftsordnung steckt, nicht Zeichen genug dafür wäre, daß die Moderne mit unfreiwilliger Religion vollgesogen ist.

Ein bekanntes jesuitisches Diktum lautet: »Feuerbach glaubte wenigstens, daß es Gott nicht gibt, wir glauben nicht einmal das.« Das atheistische Credo ist in gewisser Hinsicht naiver als das theistische: weniger von Reflexion durchtrieben. Sein Argwohn gegen die Existenz Gottes ist zugleich Arglosigkeit gegen die Reichweite des Metaphysischen. Theologie, die ihm das vorrechnet, hat recht, so unrecht sie mit ihrem eigenen Credo auch haben mag. Zwei Sorten von Naivität stehen sich gegenüber. Die eine glaubt der Aufklärung mit deren eigenen Mitteln ein Schnippchen zu schlagen, die andere glaubt Aufklärung zu sein. Beide wollen auf ihre Weise von der Naivität los – und beide verfallen ihr. Und vor allem: Beide verfehlen das unhintertreibliche Moment von Naivität, das *der Vernunft selbst* innewohnt. Wo sie sich als unheilbar metaphysisch erweist, weil sie es nicht lassen kann, Konsistenz, Übereinstimmung, Sinn in die Welt zu bringen, verhält sie sich immer auch ein wenig wie ein großes Kind, das mehr will als es je erreichen kann. Das Bedürfnis nach Konsistenz, nach Stimmigkeit, ist insgeheim das Bedürfnis nach einer heilen Welt. Ohne es zu haben, kann Vernunft nicht rückhaltlos aufklären: über die Welt wie über sich selbst. Ohne die blauäugige, durch nichts verbürgte Hoffnung, daß noch nicht aller Tage Abend sei, kann sie den gegenwärtigen Weltzustand nicht auf den Begriff bringen. Seine Zeit in Gedanken zu fassen: dazu muß kritischer Geist genau das sein, was Marx von der Religion sagte: Ausdruck des Elends und Protestation dagegen zugleich. Den religiösen Kinderwunsch noch in seinen verstohlensten Formen als unausrottbares Moment des Denkens aufzuspüren und in Vernunft zu übersetzen: das ist Aufklärung. Der Versuch, der Vernunft alle Naivität ohne Rest auszutreiben, treibt die Vernunft selbst aus.

Quellennachweise

Fundamentalismus: In gekürzter Fassung unter dem Titel »Die pervertierte Utopie. Warum der Fundamentalismus im Vormarsch ist« erschienen in: *Die Zeit*, Nr. 16/1992, S. 67–69.

Religion: Erschienen unter dem Titel »Zur gleichzeitigen Ungleichzeitigkeit der Religion« in: *Perspektiven Kritischer Theorie*, hg. v. Christoph Türcke, Lüneburg 1988, S. 72 ff.

Religionskritik: Erschienen unter dem Titel »Freuds unverdaute Religionstheorie« in: *Theologische Zeitschrift*, Basel, 37. Jg., H. 5, 1981, S. 292 ff.

Jungfrauengeburt: Erschienen unter dem Titel »Ausverkauf der Radikalität. Moderner Theologenstreit als Modell halber Aufklärung« in: *Die Zeit*, Nr. 40/1987, S. 72.

Antisemitismus: Erschienen unter dem Titel »Das schlechte Gewissen der guten Christen« in: *Die Zeit*, Nr. 52/1988, S. 40.

Tod: Stark veränderte Fassung des Aufsatzes »Der Todestrieb der gegenwärtigen Gesellschaft und seine theologische Verklärung«, erschienen in: *Frankfurter Hefte*, H. 7, 1982, S. 45 ff.

Leben: Stark veränderte Fassung des Aufsatzes »Ehrfurcht vor dem Leben«, erschienen in: *Evangelische Kommentare*, H. 9, 1985, S. 524 f.

Arbeit: Stark veränderte Fassung des Aufsatzes »Gottesgeschenk Arbeit. Theologisches zu einem profanen Begriff«, erschienen in: *Spuren*, H. 7, Juli/August 1984, S. 29 ff.

Befreiung: Stark veränderte Fassung des Aufsatzes »Halbe Sache. Solidarische Kritik der Befreiungstheologie«, erschienen in: *Merkur*, Nr. 450, August 1986, S. 643 ff.

Naivität: Erschienen unter dem Titel »Metaphysik und Naivität« in: *Einsprüche kritischer Philosophie*, hg. v. W. Schmied-Kowarzik, Kassel 1992, S. 9 ff.